장애인 여가문화와 장애인 평생교육의 장을 연 김송석

사진의 속내

김송석 지음

「사진의 속내」에 실려있는 원본 사진이나 글 속에 등장하는 분들의 경우 초상권 보호를 위해 사진을 그림으로 대체하였고 등장한 인물들은 모두 가명처리 하였습니다. 글의 흐름에서 실명 표기가 꼭 필요한 분들은 허락을 받고 실명을 그대로 실었습니다.

장애인 여가문화와 장애인 평생교육의 장을 연 김송석

사진의 속내

장애인에 대한 생각을
어떻게 접근해야 하는지 그 시선의 방향을
바꾸게 하는 책

김송석 지음

율나무

추천사

신현기
(단국대 특수교육과 명예교수)

흔히 어떠한 특성을 설명할 때, 서로 상반되는 의미의 단어를 함께 배치하여 강조의 의미로 사용하는 수사법이 있다. 이를 모순 형용법(矛盾 形容法)이라 하고 영어로는 Oxymoron(옥시모론)이라고 한다. 예컨대, 작은 거인, 소리 없는 아우성, 찬란한 슬픔, 침묵의 웅변, 공개된 비밀, 우둔한 천재, 못했지만 잘 했다, 못 보지만 볼 수 있다. 못 듣지만 들을 수 있다 등등.

김송석이 주축이 되어 1982년 장애인과 함께 하는 세상을 꿈꾸며 출발한 장애인복지형상회의 활동은 모순 형용법 아니면 표현을 할 수 없다. 장애인에 대한 인식이 거의 없던 그 당시, 그는 작은 거인이었으며, 그의 몸짓은 소리 없는 아우성이었다. 그와 함께 한 장애인과 자원봉사자들은 찬란한 슬픔 속에서 외치는 침묵의 웅변이었다. 온몸이 성치 못하여 흔적으로 붙어있는 두 다리는 자원봉사자가 뒤에서 들어주고, 그나마 나은 두 팔에 의지하여 얼어 죽기 딱 좋은 혹한기 한라산을 오르는 지체장애인들은 우리도 등산하고 싶다는 침묵의 웅변이었다. 당시 우리들이 살던 사회 속에는 장애인의 인권이라는 단어는 존재하지 않았다. 저들이 등산을 하고, 한탄강을 건너고, 도심지 추적을 하고, 장애인 지도를 만드는 행위는 "우리도 인권이 있다!", "장애가 편견을 낳는 것이 아닌 사회가 편견을 낳는다", "우리가 처한 곳에서 편하면 모두가 편하다"를 외치는 공개된 비밀행위였다. 이러한 행위에 익숙하지 않은 사람들은 겉으로, 속으로 저항했다. "저 불쌍한 사람들을 끌고 나와 생으로 고생을 시키지 말라", 심지어 장애인 가족들조차 "끝까지 책임지지 못할 바에는 우리 아이들을 충동질하지 말라"

이렇게 40년이 지났다. 장애인 관련 복지법과 교육법과 인권법이 만들어졌고, 각종 편의시설이 만들어졌고, 유니버설 디자인의 개념이 의무적으로 적용되고 있다. 김송석과 저들의 활동은 우둔한 천재들이 한 행동이었다.

그러나 김송석은 저 하늘나라로 올라갔다. 너무도 일찍 갔다. 참 슬프고 아쉽다. 그렇다고 슬퍼만 할 수 없다. 다시금 그 열정의 불꽃을 살려야 한다. 오늘의 렌즈로 그 당시를 보니, 못했지만 정말 잘 했다. 그를 다시는 보지 못할 것 같지만 그와 함께한 활동을 되새기며 얼마든지 볼 수 있다. 그와 그들이 한라산에서 백두까지, 한탄강에서 낙동강에서, 도심지 곳곳에서 장애인을 가로막고 있는 장애물을 치우고 모두가 함께할 수 있는 세상을 만들자는 아우성을 다시 들을 수 있다.

세상을 뜰 것을 예견이라도 한 듯 그는 자신의 미숙함과 함께한 자들에 대한 미안함을 글로 표현하고 있다. 그러나 살아남은 우리가 그의 미안함을 달래줄 수 있다. 행위 하나하나, 소리 하나하나 반추하고 우리들의 행위로,

소리로 재생해야 한다.

    우리 모두 이 작은 하나하나의 사진 속에서 다시금 그 열정을 불러내자. 김송석을 만나자.

추천사

최항석
(경기대학교 교수, 한국성인교육학회 학회장)

    '행동하는 지성'. 고(故)김송석박사를 떠올릴 때면, 가장 먼저 내 인식을 지배하는 문맥이다. 김송석박사는 늘 배운 것을 성찰했고, 성찰하며 행동을 우선시 하는 학자이자 실천가였다. 그는 그의 사람들과 항상 동행(同行)하였다. 이 책에 나오듯, 그들과 함께 산으로, 강으로, 들로, 바다로 동행하며 성찰하였고, 동행하며 사유하였다. 그는 교실이나 강의실을 넘어서 행동하며 실천하는 사유의 길을 늘 택했다. 현상보다는 현장을 중요시 했고, 사실보다는 사람에 주목했다. 이 책은 그의 사유와 동행, 행동과 실천이 어떻게 이루어졌으며, 왜 그래야 했는지를 끊임없이 독자로 하여금 고민하게 만든다. 즉, 스스로 답을 찾고 가치를 부여하기를 요구한다. 그의 실천과 지성의 동행은 '신념'에서부터 비롯된다. 신념! 육체적 혹은 정신적 장애가 있는 사람도 모두 배움의 본능이 있는 호모 에루디티오(Homo Eruditio)이기에 배울 수 있고, 개조할 수 있으며, 의식소통 할 수 있음을 신뢰하자는 것이 그의 신념이었다. 또한 장애가 있는 '그들'을 '우리'로 사고의 패러다임을 전환하여 서로 치유(治癒)의 대상이자 선생(先生)이 될 수 있음을 신념으로 삼자고 그는 늘 종용하였다. 그의 신념과 동행의 의지가 이 책에 기술되었다. 그 내용들은 나를, 그리고 독자들을 감동(感動)하게 한다. 감동은 단순히 감정적인 현상이 아니다. 감동은 느껴서(感) 움직이게(動) 만드는 실천적 영향력이다. 이제 그를 다시는 볼 수 없다. 그러나 이 책이 다시 그를 상기하고 지금의 그리고 미래의 우리에게 감동을 주고 또 줄 것이다. 한없이 그리운 김송석박사가 다시금 그리워진다. 자신은 그저 작은 일을 소명으로 알고 하는 것뿐이라며 껄껄 웃던 목소리와 모습이 그리워진다. 이 그리움이 그의 생전 글로 표현되어 내게 기억으로 소환된다. 김송석박사님, 당신을 그리워서 기억하고 기억하며 감동합니다.

추천사

한경근
(단국대학교 교수)

"아니, 장애자를 왜 이런 곳에 데리고 와? 다치기라도 하면 어쩌려고…"

휠체어를 탄 뇌성마비학생이 한 중년 남자에 길을 물었다. 남자는 대답 대신 두어 발짝 뒤에서 지켜보고 있던 내게 한마디 했다. 휠체어를 혼자서 끌지도 못하는 '장애자'가 서울 시내를 돌아다니는 모습에 놀랐나? 심지어 말도 어눌한 '장애자'가…. 자원봉사 똑바로 하라고 힐난한 것이겠지. 그나저나 길을 물었는데 답은커녕 없는 사람 취급당한 저 친구 기분은 어쩐다.

서울에서 올림픽이 열리던 해, 휠체어를 탄 학생과 함께 서울 시내를 돌아다녔다. 「이제는 파란 불이다」라는 기치 아래 김송석 선생님이 기획하신 도심적응훈련 프로그램이었다. 이후 '장애자용 지도'를 만들기 위해 휠체어가 다닐 수 있는지 도로 노면 상태를 확인하고, 맹인용 보도블록과 장애인 편의시설을 표시하고 다니기도 했다. 도시는 장애인에게 '빨간불'이었다. 위험했고 장애인을 배척했다. 돌아다니고 눈에 띄면 그리고 말을 하고 무언가를 할라치면 도시는 불편해했다. 장애인은 '우리'의 '보호' 속에서 얌전히 있는 '그들'로 존재하는 것이었다. '잠시'(우리 부모님과 합의 하에) 특수교육과에 오게 된 나도 원래 그렇게 생각했다. 그러다 김송석 선생님을 만나고 '그들'과 여기저기 다니기 시작하면서 새로운 생각이 싹트기 시작했다.

장애인들과 함께 산에 올랐다. 두 팔로 '걸어' 오르도록 움직이지 않는 다리를 들어 주었고 자폐성 장애인의 손을 잡고 가파른 산길을 탔다. 더위도 추위도 아랑곳 않고 산에서 들에서 캠핑을 했다. 급기야 태백 어디부터 여의도까지 남한강을 열흘깨나 보트에 노를 저어 내려왔다. 군에 가기 직전까지 금강에서 장애인과 보트를 탔다. 말은 장애인 자원봉사였지만 누가 무엇을 봉사한다는 것인지 몰랐다. 그냥 사람들을 많이 만났다. 함께 땀 흘리며 놀고 밥 먹고 씻고 웃고 울었다. 장애인과 자원봉사자로 만났던 '그들'과 '나'는 그냥 우리가 되었다. 그리고 나는 '난데없이'(우리 부모님 표현을 빌자면) 특수교육을 계속하게 되었다. 김송석 선생님은 그렇게 장형회와 더불어 내가 특수교육인으로 성장하는 모습을 지켜보셨다.

이제 우리는 타자화(他者化)되고 소외된 장애인의 모습을 거부한다. 누구나 사회적 성원권을 인정하고 존재론적 사람으로 인식한다. 김송석 선생님은 관념적 인식에 머물지 않고 행동하셨다. 장애인을 사회에 적응해야 하는 미완성의 존재 대신 사회에 참여하는 능동적 시민으로 보고 연대하셨다. 그래서 우리는 알게 되었다. 장애 여부를 떠나 누구나 더 너른 세상에서 더 많은 사람들 만나는 삶의 서사를 희망한다는 것을.

책 곳곳에서 내 리즈(?) 시절 모습이 보이고 선생님의 따스한 말씀이 들린다. 이 책을 읽는 당신에게도 선생님께서 말을 걸어오실 듯. 선생님께서 소망하신 '파란불'이 세상 모든 곳 모든 이의 마음속에 켜지기를 바란다. 우리의 그리움처럼.

2023년 늦은 여름.

김송석은 살아있다.

정 훈
(전 KBS PD, 전 한국DMB 회장)

목동에 개성집이라는 오래된 손만두집이 있다. 37년 전 3년에 걸쳐 장애인 지도를 제작하기 위해 실측을 하느라고 장애 학생들과 자원봉사자들이 땀 흘릴 때였다.

우리끼린 아르바이트비도 주지 않던 사이라 김선생과 내가 할 수 있는 일은 가끔 함께 배불리 밥 먹는 일이었다. 그 날은 스무 명쯤 가서 손만두와 보쌈을 먹고 계산하러 갔더니 사장님 할머니가 부엌에서 날 불렀다. 김이 모락모락하는 돼지고기를 잔뜩 싸서 안기시는 게 아닌가. KBS PD 월급을 생각하고 멈칫하니 다정하게 건네신 할머니의 말씀이 지금도 살아있다. "더 심한 장애를 가진 아이들은 여기도 못 왔을 거 아니야?"

"존재한다"는 것은 무엇인가. 형이라고 부르던 김송석은 가고 동생을 잃은 나는 살아 있지만, 그 동생은 내 가슴에 존재한다. 1986년 설맞이 기념 한라산 적설등반을 마친 그를 앉혀놓고 제안했다. "겨울 한라산은 보여주기 위한 몸부림이고 리얼리티는 일상생활에 있지 않은가?" 우리는 바로 껴안았고 그 정신이 "이제는 파란불이다"를 만들게 했다. 큰 상을 받을 때 상금도 받았는데 나는 제작 스태프나 회사 동료들에게 10원어치도 안 사주고 전액을 김선생에게 주었다. 두 달 뒤 김선생이 그 돈 봉투를 뜯지도 않고 가져와 나를 놀라게 했다. "형, 이 상금을 종잣돈으로 해서 형하고 지도를 만들어봅시다." 지도? 김정호 선생님이 만드셨다는 지도? 우리는 결국 지도를 만들어 냈다. 우리가 아니라 나는 잔소리만 했고 정작 고생한 이들은 서울시 전역을 세 번씩이나 크로스 체크하느라고 땀흘린 장애 학생들과 자원봉사자들이었다. 한국에서는 물론 세계에도 별 사례가 없는 그 지도는 휠체어용과 시각장애인용 두 가지로서 패럴림픽 때 무료 배포하였다. 그 과정은 다큐 "이제는 혼자 가는가"로 방송했다. 요즘 사회문제화 된 장애인 이동권을 가장 먼저 현장에서 고민하며 집안에 갇혀있던 우리 아이들을 들로 산으로 살아 있게 만든 사람이 김송석 선생님이다. 그즈음 또 제작한 "저기 인수봉이 있다"는 다시 시청자들의 가슴을 쳤다.

재작년 말 우린 새로운 이동권 해결 아이디어를 가지고 의기투합했었다. 바로 스마트폰 내비게이션에 장애인 접근 가능성과 편의시설을 표시하는 앱을 만들자는 프로젝트로 다시 껴안았다.

이제 그는 하늘에 올랐다. 올라서 내려다보지 않겠는가. 건널목 턱은 높은지, 화장실은 있는지, 종이 지도가 아닌 누구나 가진 손전화의 앱을 눌러 스스로 갈 길을 택할 수 있는지…. 김송석은 내 가슴에 살아 있다.

우체부 프레드와 같은 친구 김송석을 기리고 그린다.

안희진
(장애인복지신문 발행인 겸 사장, UN ESCAP 사회복지정책 전문위원)

이 세상에 말 잘하는 사람은 많다. 그러나 말한 대로 사는 사람은 드물다. 드물어도 아주 드물다. 이 세상에 글 잘 쓰는 사람은 많다. 그러나 글 쓴 대로 사는 사람은 드물다. 아주 드물다. 말과 삶, 글과 삶이 한결같기를 바라지 않는 사람이 어디 있겠는가. 사람인 바에는 누구나 그런 경지에 다다르고 싶을 것이 아니겠는가. 그러나 말과 글이 사람을 속이지 않는다고 말하기는 어렵다. 세상이 이 모양 이 꼴인 것은 넘쳐 나는 말과 글의 홍수 속에서 우리 인간들이 피차에 너무 속고 속이기 때문이다. 결국 사람의 크기와 가치는 어쩌면 언과 행 사이의 거리에 반비례하는 것이 아니겠나 생각한다.

장애현장 속에서 우직하게 자기 길을 걷다 떠난 김송석 교수와 내가 만난 것은 벌써 40년이 넘었다. 그가 삼육재활학교 초임교사이던 때, 내 장조카의 선생님이던 그와, 굳이 말하자면 학부형과 교사 관계로 만났다. 특수교사와 장애학생과의 관계는 일반교사와 학생 관계와는 다른 측면이 있다. 스승과 제자를 넘어 평생 장애를 안고 함께 가는 명실공히 도반으로서의 관계다. 그들 도반을 보면서 같이 지낸 40년이다. 그는 교육현장에서 나는 장애차별과 소외의 현장에서 각기 다른 방법으로 사회통합의 교두보가 되고자 노력하며 서로를 격려했다. 혹자는 우리가 각기 다른 방법으로 평행선을 간다고 우려했지만, 평행하는 그 선로 위에 올려놓은 객차와 화차의 목적지는 같았기에 늘 다투면서도 가까운 친구였다.

매너리즘에 빠지기 쉬운 대표적인 직업군의 하나인 특수교사, 대표적인 소외계층인 장애인분야 종사자인 특수교사나 사회복지사는 '만병의 근원인 매너리즘'에 빠지지 않게 하는 장치를 스스로 만들어 장착해야만 한다. 매너리즘 굴레에 빠지게 되면 자기계발과 창의적 프로그램은커녕 "봉사를 한다. 남을 위해 산다."는 허망하고도 몹쓸 자아도취에 빠져 "장애인을 더욱 장애인이게"하는 반장애적 시행착오와 오류를 범할 수 있기 때문이다. 김교수를 생각하면 오래전에 화제가 됐던 책, 「우체부 프레드」가 자연스럽게 떠오른다. 평범하나 성실한 우체부 프레드를 통해 자신의 현재를 돌아보고 미래를 점검하며 현장에서 가장 중요한 것은 무엇일까? 항상 고민하고 탐구하는 김교수였기 때문이다.

모든 사람은 자신이 가진 능력만으로도 세상을 바꿀 수 있다고 믿는다. 정치인, 관리, 기자, 영화배우, 교사, 목수, 미장이에 이르기까지 누구나 그렇게 믿으며 자신을 실현하고자 한다. 특수교사 역시 자신을 통하여 세상을 변화시킬 수 있다고 믿는다. 도덕적이고 윤리적인 가치관 속에서 전문성을 최대한 발휘할 수 있다고 생각한다.

가장 윤리적으로 사회에 봉사하는 것은 '직업으로의 봉사'이며, 직업으로의 봉사를 통한 직업윤리의 실천과 확립은 모든 직업과 직업인을 전문화시키는 첫걸음이다.

특수교사로서의 가장 윤리적인 사회봉사를 실천했던 김송석 교수. 그의 삶을 통해 후배와 후학들이 '장애인은 누구인가?'라는 근본적이고 성실한 질문과 고백과 실천으로 특수교사, 사회복지사, 자원봉사자의 정체성을 확립하길 바라는 것이야말로 김교수의 우직하고 깨끗한 삶을 이어받는 것이라 믿는다.

선각자는 길위의 삶을 살아갈 뿐이니

조일연
(한국 농아인야구소프트볼연맹 회장)

내 친구 김송석이 세상을 뜨고 1년, 그가 남긴 글들을 정리한 유고집이 나온다고 한다. 「사진의 속내」라는 책의 제목이 독특하다.

우리는 젊었던 김송석의 팔십년대를 기억한다. 열정과 모험과 도전은 그의 아이콘이었다. 사회적으로, 또 학문적으로 외면당해 음지에 머물렀던 특수교육, 장애인의 인권과 복지를 테마로 해서 대한민국 사회에 센세이션을 일으켰던 인물이 김송석이었다.

그는 교육자에 사회운동가면서, 학자였다.

그의 열정과 신념이 최고조에 달했던 시기 대한민국 장애인들은 사회의 중심에 있었다. 숨겨져 있던, 많이 많이 외면당하던 소아마비, 뇌성마비의 신체장애인들이 그의 이끎으로 세상의 밝은 거리에 산하에 당당하게 등장했었다. 그네들이 감히 백두산을 한라산을 오르고, 남한강의 물길을 보트로 노 저어 극복해서 언론의 스포트라이트를 받으며 수도 서울로 입성하던 날의 그 기세가 지금도 바로 어제의 일인 듯 눈에 선하고 가슴을 뛰게 한다.

김송석과 그의 장애 제자들의 발칙한 도전은 KBS 등 공영 방송과 조선일보 등 유력 메이저 신문들의 주목을 받아 대한민국 국민들에게 시시각각

전해졌다. 그가 KBS와 함께 거대도시 서울에서의 장애인 이동권 보장을 위해 진행하며 제작된 다큐멘터리 「이제는 파란불이다」는 세계적인 TV 프로그램 콘테스트에서 최고상을 수상하기도 했다. 그가 추구했던 가치와 신념과 헌신함이 그 시기 세계에서 최고였던 것이다.

김송석은 바로 그런 가치의 사람이었다. 벌써 사십여 년 전 그가 시도하고 실행을 시작했던 그 사업은 우리 사회에 엄청난 변화를 촉발시켰다. 장애인 이동권을 보장하는 인프라가 확대되었고, 장애를 가진 사람들의 권리가 신장되었다.

그리고 세월은 흘러 그 김송석은 지난해 가을 아직 칠십에 이르지도 않은 젊은 나이로 그가 열정으로 살아온 이 세상에서 떠나갔다.

선각자는 세상에 길을 만들어주는 사람들, 그러나 그는 그 길의 종착점에는 이르지 못한다. 선각자는, 전체적으로 우리는 그런 길 위에서의 삶을 살아갈 뿐이다. 그러기에 그가 만들던 길, 추구하던 선한 가치는 또 다른 누군가에 의해 이어져야만 한다.

김송석이 살아생전 기록해서 남긴 소중한 이야기들이 후학들에게 읽혀져서 제2, 제3의 김송석이 그가 걸어오던 그 길에 나설 것을 기대한다.

나의 오십 년 지기 송석이가 그리운 날 유고집 「사진의 속내」의 추천사를 썼다.

친구 김송석을 생각하며

몽몽(蒙夢) 이원석
(전 한국 장애인 단체 총연합회 기획실장. 전 한국수자원공사 이사)

팔월을 즈음해서 발간해야 한다는

친구 김송석 선생의 유작

그 일정에 차질없이 추천사를 써야 한다는

압박감에 밤새 졸며 깨며

지금도 보내온 원고를 보고 있다.

글 몇 줄 쓴다는

소문에 실려 온 두툼한 원고를

일단은 통독부터 그리고

이독부터는 정독이어야 했었다.

뇌리에 각인될 때까지

장애인 특수학교에 교사로 재직하며

장애인들과 함께 할 수 있는

수많은 여가활동을 통해 체득한 실천적 학습효과를 독자들에게

남기고자 수많은 사진 자료와 함께 쓴

친구 일생의 역작일 터인데

스스로의 몸은 전혀 관리하지 않은 채

장애인들의 상태만 관리하다

제대로 늙어보지도 못하고 운명을 달리한 친구

이 판에 함께 머물면서 따로

또 같이 그와 겪은 세월이 30여년 인데

그가 남긴 원고를 통해

함께 해왔던 장애인들과의 숱한 기억들

적설기의 한라산과 광복절

즈음의 후지산 등반 그리고 세계 잼버리까지

새록새록 살아나는 그 소중한

추억들로 짧막한 추천의 글을 써본다.

시대의 소중한 유산이기에

나도 체력 관리를 좀 해야 하려나

그새 또 가물거리는 눈

목 차

001. 이제 출발이다(적설기 설악산 등반기) 28
002. 목발은 어디 가고(적설기 설악산 등반기) 31
003. 능선 오르기(적설기 설악산 등반기) 34
004. 그래도 살아있다(적설기 설악산 등반기) 37
005. 마지막 정상 공격(적설기 설악산 등반기) 41
006. 만세, 되게 춥다!(적설기 설악산 등반기) 44
007. 보조기(내 몸과 같이) 48
008. 조금이라도 더 가까이(관악산 등반기) 52
009. 다른 시작(적설기 한라산 등반기) 55
010. 때론 업혀 가도 괜찮다(적설기 한라산 등반기) 57
011. 백록담과 5명의 팀원들(적설기 한라산 등반기) 59
012. 울다가 웃다가(적설기 한라산 등반기) 61
013. 비행기 타고 왔어요(적설기 한라산 등반기) 64
014. 최고의 피서법(북한강 탐사기) 67
015. 197km의 끝이 보인다(북한강 탐사기) 70
016. 금강산도 식후경(북한강 탐사기) 73
017. 이게 더 힘드네(북한강 탐사기) 76

018. 얕보지 마라(장애인 휠체어 레이스) 78
019. 흘린 땀 만큼(장애인 휠체어 레이스) 81
020. 기술이냐 힘이냐(한·일 친선 휠체어 농구대회) 84
021. 근사한 폼으로(전국 장애인 요트학교) 87
022. 파라세일의 참맛(전국 장애인 요트학교) 90
023. 신나게 날자(전국 장애인 요트학교) 93
024. 손으로 노젓기(전국 장애인 요트학교) 96
025. 선수보다 애가 타는 이는?(전국 장애인 체육대회) . 98
026. 더 멀리 멀리(전국 장애인 체육대회) 101
027. 아이고 내 휠체어!(전국 장애인 체육대회) 104
028. 나들이 107
029. 도중하차는 절대 안 돼(적설기 지리산 등반기) 109
030. 다 함께 즐겁게(적설기 지리산 등반기) 113
031. 아이고! 힘들어(적설기 지리산 등반기) 115
032. 좀 천천히 가자(지리산 적설기 등반기) 118
033. 척척 맞는 걸음(적설기 지리산 등반기) 121
034. 울고 웃고(적설기 지리산 등반기) 124
035. 야호! 정상의 환호(적설기 지리산 등반기) 126
036. 두 팔로만 잘 될까(인수봉 암벽등반) 128
037. 두 팔과 한 다리로(인수봉 암벽등반) 131
038. 2점 지지만으로도(인수봉 암벽 등반) 133
039. 뒤집히기 일보 직전(인수봉 암벽등반) 139

040. 너무나 신성한 함께함(인수봉 암벽등반) 142
041. 빈 콜라병은 왜 들었을까(남한강 탐사기) 145
042. 무슨 말을 했을까(남한강 탐사기) 148
043. 15인의 남한강 탐사대(남한강 탐사기) 151
044. 즐거운 취사 시간(남한강 탐사기) 155
045. I LOVE YOU(남한강 탐사기) 157
046. 머문 자리도 아름답게(남한강 탐사기) 159
047. 바닥에 붙어버린 보트(금강 탐사기) 162
048. 식량 보급 작전(금강 탐사기) 165
049. 잘 보고 잘 듣기(장애인오리엔티어링) 167
050. 이제 출발이다(장애인오리엔티어링) 170
051. 독도법 배우기(장애인오리엔티어링) 173
052. 자, 다음 목적지는?(장애인오리엔티어링) 177
053. 한번 해 보자(장애인오리엔티어링) 181
054. 좀 불편하지요(장애인오리엔티어링) 184
055. 지지와 옹호의 스크럼(적설기 한라산 등반기) 186
056. 에고, 차가워(적설기 한라산 등반기) 189
057. 조금만 더 힘을 내자(적설기 한라산 등반기) 192
058. 하느님, 살려 주세요(적설기 한라산 등반기) 195
059. 새로운 모험(한라산 적설기 등반기) 197
060. 더 오를 곳이 없다(한·일 합동 후지산 등반기) 199
061. 힘내라(한·일 합동 후지산 등반) 202

062. 스스로 닿기(한·일 합동 후지산 등반) 204
063. 정상은 춥구나(한·일 합동 후지산 등반) 206
064. 어떻게 일어나지?(장애인 스키캠프) 208
065. 스키를 타보자(장애인 스키캠프) 211
066. 우리도 할 수 있어요(장애인 스카우트 야영대회) 213
067. 연애를 하자(장애인 학급야영) 215
068. 야호 새처럼 난다(장애인 학급야영) 217
069. 줄 꽉 잡아(장애인 학급야영) 220
070. 드디어 도착(장애인 학급야영) 224
071. 헤이! 디스코다(장애인 학급야영) 226
072. 개미 찾기(장애인 학급야영) 229
073. 국일까 찌개일까(장애인 학급야영) 232
074. 아름다운 동행(장애인 학급야영) 234
075. 엄마! 무서워(장애인 학급야영) 237
076. 여기에서 출발(여름 캠프) 240
077. 한발 한발 조심해서(장애인 영농캠프) 242
078. 깨끗이 닦아요(장애인 영농캠프) 244
079. 에구! 식당이 왜 이리 멀어(장애인 학급야영) 246
080. 예쁜 풍선과 함께하는 첫 비행(장애인 여름 캠프) .. 248
081. 미리 하는 진흙 마사지(장애인 여름 캠프) 250
082. 야호! 신난다(장애인 여름 캠프) 253
083. 한번 날아 보자(장애인 야영 캠프) 256

084. 장애인 보이스카우트 575대 259
085. 해양소년단 408선대 263
086. 이색등반 266
087. 썰매 타기 269
088. 설렘 그리고 환희 272
089. 노마드(Nomad) 275
090. 또 다른 탐사를 향해서 280
091. 몸도 마음도 둥실 286
092. 베스트 드라이버 289
093. 차라리 내가 갈게, 형! 292
094. 장애인 보이스카우트 야영대회 296
095. 차도를 달려본 휠체어 299
096. 연합회의 303
097. 노 젓기 305
098. 자, 또 출발하자 308
099. 누가 더 강할까? 311
100. 끝은 시작이다. 313

들어가는 글

장애인과 함께 하는 세상을 꿈꾸며 1982년에 시작되어 현재까지 이어지고 있는 장애인복지형상회(이하 장형회)가 코로나 19의 여파로 기존의 활동 재개 문제로 진통을 겪고 있다.

내 돈과 내 시간과 내 노력을 들여야 진정한 자원봉사라는 나름의 순수성 유지에 지나치게 집착했기에 시대적 변화에 따른 현실 직시와 발 빠른 행동에 게을렀던 결과이기도 하다. 다시 말해 자원봉사에 대한 이성적이고 논리적인 접근보다는 감성적이고 즉흥적인 접근이 더 강했다. 생각보다는 행동을 우선했고 사적인 정을 기반으로 했었다.

당시의 장애인은 시혜와 보호와 치료와 교육의 대상으로만 인식되었고 그조차도 일부에 한정되었다. 그 상황에서 장애 당사자들의 목소리는 무시되기 일수였고 능동적 선택의 자유는 감히 꿈도 꿀 수 없었다. 한 마디로 장애인의 인권은 없었다. 그랬기에 장형회의 초반 활동은 행동을 통한 대국민 인식개선이 우선 과제였다.

그 첫 활동이 "나도 할 수 있다"는 선언적 의미를 극기를 통해 "나도 해냈다"는 실천적 행동으로 보여준 자연 친화 기반의 등반과 캠프, 그리고 지역사회적응 활동이었다. 그 속내는 장애인에 대한 불편한 시선을 바꾸어 더불어 함께 사는 사회의 구성원으로 자리매김할 수 있도록 하는 공적 제도의 정착이 목적이었다.

생각해 보면 두려울 것이 없는 뜨거운 열정에 비해 효율적인 운영 방법과 방향에 대한 분석과 비전 제시가 뒤따르지 못한 채 구태의연한 활동만을 반복적으로 지속해왔었다. 지극히 보수적인 규율을 불문율처럼 추종했음에도 이것을 지속성과 일관성인 양 포장을 하면서 스스로 울타리를 친 격이었다. 함께 했던 수많은 자원봉사자 개개인의 장점을 찾아내고 보듬어 유능한 참모진을 구성하고 이를 통해 한 걸음 더 나아갈 수 있는 전략적 활동으로 발전시키지 못했다.

다양성에 기반한 관계 형성에 미숙했기에 제 발로 찾아온 보석보다 더 값진 존재들을 알아보지 못하는 우를 범했고, 그 무지는 다양한 활동가들과 함께 하는 확장 기회를 놓치게 했으며 그로 인해 그들 스스로 떠나가게 하는 어리석음을 자초했다. 그럼에도 장애인들을 가정과 학교 밖으로 끌어내고 사회 속으로 뛰어들게 하고픈 나의 생각에 지금까지 함께 해 준 많은 이들이 있었다.

사진 속에 고스란히 남아 있는 장애 대원들과 그와 함께했던 활동가들의 용감한 모습에 감사함을 느낀다. 장형회의 모든 활동에 함께해 나의 비겁함을 막아준 모두에게 오로지 고맙고 감사 할 따름이다.

장형회 활동은 1982년에 시작해서 올해로 40년째다. 그 사람들과 함께했던 찬란한 순간들을 기억나는 대로 적어보고자 한다.

2021년　김송석

001. 이제 출발이다(적설기 설악산 등반기)

적설기 설악산 등반 중 대원들이 오색약수터 숙소를 출발해 관리소를 지나 평범한 눈길을 걷고 있다.

지적장애인을 포함한 발달장애인의 정신 활동이 단순하고 낮은 이유는 뇌세포가 잘 자라지 못해 상호작용기능을 다 발휘하지 못하기 때문이라고 한다. 이와 같은 이들의 정신 수준을 높이기 위해서는 뇌세포의 성장과 더불어 뇌의 기능이 활성화되어야 하는데 이에 맞는 활동으로서 등산을 권장하고 있다. 등산을 통해 맑은 산소가 뇌에 공급되고 이는 발달장애인의 뇌

활성화와 건강에 도움을 주며, 산을 오르내리면서 팔다리가 움직이는데 이는 곧 뇌가 움직이게 되는 것으로 뇌 발달이 일어나게 되어 결과적으로 등산 활동은 정신기능향상을 도모하게 된다고 한다.

또한 등산은 장애인에게서 흔히 부족하기 쉬운 대인관계 기술 향상을 통한 사회성 발달은 물론, 신체적 발달도모와 함께 정서적 발달 효과도 기대할 수 있다. 당일 등산에서부터 3박 4일이나 4박 5일 또는 그 이상의 기간이 소요되는 적설기 등반에서 장애인이나 함께 참가한 사람들이 느끼는 것은 각자의 몸과 마음이 모두가 하나되는 공동체 의식이다.

실제로 대인 경계가 심각한 장애인이 단 며칠간의 동고동락을 통해서 '고맙습니다'라는 표시를 할 때, 고갯짓만으로 모든 의사표시를 하던 장애인이 '네' '아니오'라고 씩씩한 대답을 할 때, 10cm의 높이만 되어도 벌벌 떠는 고소 공포증을 가진 장애인이 신나게 미끄럼을 탈 때, 자기밖에 모르던 장애인이 다른 사람의 젖은 옷을 말려 준다며 옷을 태웠을 때 등 그 장애인의 열린 마음에 흐뭇한 박수와 미소를 보낼 수 있게 해주었다.

힘에 겨워 도저히 자신의 힘으로는 정상 도착이 불가능한 장애인이 자일에 끌려 올라가면서도 포기하지 않고 끝까지 버티며 정상에서 툭 던진 말.

"에이 호랑이도 없잖아."

그러나 그 어처구니없는 말 한마디가 동참한 모든 이에게 잔잔한 감동을 주었고 어떤 이는 눈물을 글썽이는 감격을 끌어내기도 해 우리라는 공동체 의식을 자연스럽게 형성시키는 체험이 되었다. 또한 장애인에게 있어서 이러한 등산 활동은 삶의 의지를 실험하는 장소로 바뀌기도 한다.

장애인복지형상회(구 전국장애인자원봉사자연합회)는 1982년 결성되어 현재까지 매년 적설기 등반을 실시하는 등 장애인의 지속적인 등산 활동을 해오고 있다. 40년의 역사를 이어온 장애인복지형상회(이하 장형회)는 1996년부터 현재까지 연말연시(당해 12월 31일 및 다음 해 1월 1일)에 1박 2일간 장애인합동 등반캠프를 북한산 백운대에서 매년 실시하고 있으며, 2003년 3월부터 현재까지 매달 정기 산행을 실시하고 있다.

장형회의 등산 활동 중 특이한 사항은 장애의 유형이나 정도에 상관없이 누구나 참여할 수 있으며 그에 따른 훈련된 자원봉사자와 장애인등산 관련 전문가를 다수보유하고 있다는 것이다. 그 예로 1986년도 적설기 한라산 등산은 1년여 정도의 예비산행을 통해 장애 상태에 따른 보행법 및 장비개발까지 이루어냈다. 또 장애인등산을 초기의 극기 활동 중심에서 벗어나 누구나 즐기는 레포츠 중심으로 변화시키는데 주력하고 있다.

002. 목발은 어디 가고(적설기 설악산 등반기)

목발은 두고 핸드워킹으로 등반 중인 김정호(가명) 대원과 그를 응원해주는 대원들.

설악산 적설기 등반을 시작하는 날. 08시 정각. 장애 대원 4명과 나를 포함한 보조 대원, 자원봉사를 자청한 보이스카우트 대원들, 대학생, 삼육재활원 산악회 회원들, 재활원 지도교사 등 모두 12명이 집결을 완료했다. 자신의 휴가를 반납하였거나 방학 계획을 포기하고 나선 이들이다. 장비를 점검하고 차량 적재를 완료한 후 사진 촬영을 마쳤다.

부모님의 표정은 밝지만은 않았다. 부모님의 걱정스러워하는 눈빛도 뒤로 하고 우리의 산행목적지인 설악산을 향해서 출발했다. 12인승 봉고차는 12명의 인원과 장비들로 인해서 매우 비좁았으나 모두 표정은 밝았다. 오색(1박) → 대청(1박) → 양폭(1박) → 설악동을 거치는 3박 4일의 일정이다. 오색에서 합류할 설악산 산악구조대, 2명의 장애 활동가는 우리의 산행에 기꺼이 참여하여 협조를 아끼지 않았다.

홍일점인 최정희(가명. 중3, 뇌성마비), 김정호(가명. 중2, 뇌성마비), 윤민준(가명. 중2, 뇌성마비), 설지훈(가명. 중2, 소아마비) 등 4명을 맞이하는 해발 900m의 한계령 휴게소는 매서운 바람과 온통 흰 눈으로 덮여 있다.

오후 5시. 한계령의 고개를 구비구비 돌아 남설악에 위치한 오색에 도착했다. 저녁 식사 후 대원 전원에게 안전 벨트를 착용토록 했다. 정희와 지훈에게는 각각 3명의 보조원이, 민준은 4명, 정호는 8명이 보조하기로 했다. 등반은 서로의 몸을 로프로 잡아매는 연등(연속등반: 암벽등반에서, 등반을 신속히 하기 위하여 팀 전원이 동시에 안자일렌에만 의지하고 등반하는 일)으로 실시하도록 했다.

대원들이 모두 잠든 것을 확인하고 숙소 밖으로 나선 시간이 12시 20분. 밤하늘에 별이 하나도 보이지 않는다. 이번에도 날씨는 과히 좋을 것 같지 않다는 예감이 든다. 이겨내자. 내가 가지고 있는 지금 이 심정은 서울에 있는 부모들에 비하면 아무것도 아니다. 시도할 기회도 주지 않고 이들을 잘 이해하지도 못하면서 엉터리 같은 통념을 가지고 있는 이들에게 우리들의 자신감, 의지력, 성취욕의 3박자를 보여주자. 우리들은 이미 이 모든 것에 익숙해져 있다고….

다음날 새벽 5시 정각에 모두 기상시키고, 세면은 생략하고 장비 점검 및 배낭을 챙기도록 하였다.

003. 능선 오르기(적설기 설악산 등반기)

맨 앞에서 보조자일을 당기는 대원과 장애 등반가. 그 뒤에는 다른 대원들이 보조하고 있다.

    7시 30분. 최정희를 선두로 해서 윤민준, 설지훈, 김정호가 차례로 대청봉을 향해서 오색을 출발했다. 등산 거리 6.8㎞, 예정소요시간 10시간, 등행 보조 대원 16명, 1차 목표지점은 설악폭포, 예정 일몰 시간 5시 20분. 장애인들은 간단한 용변이 통하지 않기 때문에 대소변을 분명히 보도록 하였다.
    정희와 민준은 그런대로 잘 오른다. 민준은 정희보다 뇌성마비 정도가 더 심해 중심을 가누기가 힘들다. 지훈은 이미 목발을 보조 대원에게 맡기고 기어오르기 시작했다. 사전 대장 회의에서 지훈은 목발을 사용할 수 있는 한 최대한 사용하도록 하고 불가능할 때만 기어오르도록 계획을 짰었다. 그래야만 목발을 유용하게 사용할 줄 알게 되고 산행 때 쓰일 새로운 목발을 개발해 낼 수 있기 때문이다.

첫 번째 깔딱고개 밑에 도착했을 때 정호가 보이지 않았다. 무전기로 정호의 조장을 호출했다. 정호의 상태는 매우 양호하나, 보행속도가 늦기 때문에 연등이 불가능할 것 같다는 대답이다. 정호는 최대한 거리를 유지하도록 하고 수시로 무전 연락을 할 것을 통보했다.

첫 번째 깔딱고개부터 정희와 민준은 엎드려 기어오르기 시작했다. 손가락 움직임이 민활하지 못한 민준은 계속 뒤로 밀리고 있었다. 정희는 두 발목에 힘이 없어 발목을 사용할 수 없기 때문에 무릎을 사용해야 한다. 비 오듯 땀을 흘리는 3명이 깔딱고개 위에 오르니 능선길이 온통 흰 눈으로 덮여 있었다.

첫 번째 깔딱고개를 오르고 나니 두 번째 깔딱고개다. 11시 10분. 민준이 드디어 발목의 통증을 호소해 온다. 민준은 계속 눈을 집어 먹으면서 물을 달라고 간청했지만 못 들은 척했다. 지금 저 상태의 민준이에게 물을 먹인다면 틀림없이 토하게 된다. 토한다는 것은 그만큼 호흡 손실을 유발한다. 이제 내 코에서도 단내가 난다. 정말 미칠 지경이다. 내가 이러니 대원들은 오죽하겠는가?

겨우겨우 대청봉 3㎞라는 팻말이 서 있는 곳까지 다다랐다. 정희의 가냘픈 두 어깨가 거친 호흡 때문에 들썩거린다. 갑자기 시야가 뿌옇게 흐려온다. 수없이 많이 보아온 상황인데 왜 이럴까. 호흡을 정리하면서 초콜릿과 사탕을 5개씩 분배했다. 뒤에 남아 있는 정호는 어찌 됐을까 궁금했다. 무전기로 정호와 연락을 했다.

"정호냐. 나 선생님이다. 어떠냐. 힘들지 않니. 춥지는 않아?"

"괜찮아요. 선생님."

"끝까지 해라. 알았지? 힘내라."

"예, 걱정하지 마세요. 선생님."

또랑또랑한 목소리다.

정호 일행이 있는 위치에서 우리가 있는 곳까지 거리는 계산해보니, 약 1.2㎞ 정도 뒤에 처져 있다. 정호는 야간 산행을 각오해야 할 것 같다. 갑자기 동상의 걱정이 엄습했다. 최대한의 주의와 파이팅을 부탁하고 앞을 보니, 민준을 필두로 정희, 지훈이 힘들게 오르고 있다. 조금만 더 가자. 이제 곧 중식 터에 다다른다. 중식 터에서 따끈한 커피와 단팥죽을 먹이고 출발했다. 계속 미끄러져 내렸다.

중식 터에서 40m를 오르는데 무려 48분이나 소요됐다.

004. 그래도 살아있다(적설기 설악산 등반기)

지칠 대로 지쳐 거의 탈진상태의 윤민준. 그러나 그의 눈빛은 예사롭지 않다.

뒤에 처져 있는 정호는 족히 두 시간은 걸릴 것 같았다. 이제 600m만 가면 설악의 대청봉 주 능선에 붙게 된다. 위를 보니 몰아치는 눈보라 때문에 아무것도 보이지 않았다. 보통 사람도 힘들어하는 난코스. 여기서부터 대청봉까지 일반인이 걷는다면 1시간 20분 정도 소요된다. 겨울철에는 조금 더 걸리겠지만, 오늘 같은 날씨에는 2시간 이상 소요될 것 같다.

정호의 조에서 지원요청이 왔다. 2명만 지원을 바란다는 지친 목소리다. 지원해줄 요원이 아무도 없다. 10명의 보조원 모두 지친 상태라서 그 누구에게도 지원을 내려가라고 할 수가 없다. 정호는 장애로 인해서 업을 수가 없다. 어쩔 수 없이 자력으로 오르거나 자일에 묶여서 끌어 올릴 수밖에는 별다른 방법이 없다.

그나마 상태가 양호한 정희와 지훈을 우선 올리고 두 대원에게 붙어 있던 보조대원을 내려보내기로 결정하여 정호의 조로 통보했다. 빠르면 5시까지 정희와 지훈은 대청 산장에 올릴 수 있을 것 같다. 주능선에 올라선 시간이 4시 20분. 예상 시간보다 엄청나게 늦어졌다. 이제 한 시간 정도 있으면 날이 어두워진다. 어두워지면 체온이 떨어지고 행동에 지장을 받게 된다. 내 배낭과 민준 일행의 배낭을 앞뒤로 메고 산장으로 먼저 출발했다. 이제는 야간 산행을 할 수밖에 없는 상황이다.

산장에 도착하니 이미 날이 어두워졌다. 산장 주인에게 사정 얘기를 하고, 등산객들에게 지원을 요청했다. 고맙게도 8명의 등산객이 나섰다. 배낭을 내려놓고 그 길로 다시 되돌아 내려와 정신없이 20여 분을 뛰어 내려오니 정희와 민준, 지훈이 자일에 의해 끌어올려지고 있었다. 3명의 대원에게 각 2명씩의 보조를 더 붙이고 2명은 정호의 조로 내려보냈다.

정호의 조는 무전기로 아무리 호출을 해도 대답이 없다. 너무나 멀리 떨어져 있는 것이 확실했다. 정상 정복의 쾌감은 뒷전이었다. 오로지 산장에 대원들을 올리고 싶은 생각밖에는 아무것도 없었다. 온도가 계속 떨어졌다. 처음 산장에 도착했을 때 온도는 영하 12도였다. 처음 올라온 올려진 대원은 정희였다.

"정희야, 괜찮아?"

정희는 "예"하는 대답과 함께 제가 걷겠다고 했다. 운동을 하지 않으면 동상의 위험이 있다는 내 말을 기억했던 모양이다. 대청산장이 거무스레한 자태를 나타냈다. 정희는 성공했다. 침낭 속에 정희를 밀어 놓고 대원에게 뒤를 부탁하고 산장 밖을 나서 정신없이 뛰어 내려갔다.

저만치 민준이의 모습이 보였다. 대청산장이라는 팻말을 랜턴으로 비춰 보이며 다 왔음을 알렸다. 어기적대다 주저앉고, 다시 일어나 걸으며 결국 산장 안에 들어섰다. 다른 두 대원에게 민준을 맡긴 후 다시 하산했다.

나는 내 눈을 의심하지 않을 수 없었다. 분명히 얼마 전까지 자일에 끌려 오던 지훈이가 지금은 모든 보조원을 떨군 채 목발을 사용하여 걸어오고 있는 것이 아닌가? 이럴 수가. 이렇게 지독한 녀석들이었던가? 갑자기 세차게 밀려드는 바람에 지훈이가 옆으로 넘어졌다. 나 역시 비틀거리며 지훈이를 잡으려 하자, 갑자기 찢어지는 듯한 목소리가 들린다.

"대장님, 그냥 두십시오. 지금이 가장 중요한 때입니다."

부대장의 절규에 찬 목소리다. 순간적으로 떠오르는 수치감. 항상 강했던 내 의지가 꺾일뻔한 순간이었다. 지훈이도 드디어 산장에 들어섰다.

혹시나 하는 마음에서 정호의 조에 다시 무전호출을 보냈으나 전혀 응답이 없다. 정호 조에는 10명의 보조원이 붙어 있으나 모두가 탈진된 상태여서 매우 걱정된다. 부대장이 9시 20분에 산장에 들어섰고 대원들은 비상식량과 방한복을 준비해서 다시 내려갔다.

  10시쯤에는 정호 조를 지원하려 내려갔던 등산객들이 발이 얼어 더이상 버틸 수가 없어서 올라왔다. 현재 정호의 위치를 물으니, 주 능선에 올라서서 마지막 깔딱고개에 다다랐다는 것이다. 그렇다면 약 800m 정도 남았다는 얘기다.

005. 마지막 정상 공격(적설기 설악산 등반기)

대청 산장이 얼마 남지 않은 언덕길을 목발로 오르는 아이들. 어둠이 깔리기 전 심한 바람과 눈 때문에 눈뜨기가 어렵다. 추위는 덤이다.

나와 부대장이 다시 하산했다. 10여 분 정도 뛰어 내려가니 하나, 둘, 셋 하는 음성이 강한 바람을 타고 들려왔다. 정호였다. 정호는 이제 혼자 힘으로는 어쩔 수가 없어 자일에 매어서 끌어올려지고 있었다. 우선 괜찮아 보인다. 보조 대원들은 몹시 지친 표정들이다. 정호 한 명에 15명이 매달려 있다. 아니 15명의 지친 일반인에게 정호가 매달려 있었다. 목이 메어 말이 나오질 않았다. 하나, 둘, 셋 하는 구령 소리가 꿈결같이 들린다.

"용서해라, 정호야. 내가 어째서 너에게 이런 혹독한 시련을 겪게 하는지, 정말 미안하다."

정호의 오버미트 속의 손이 내 손을 움켜잡았다.

"정호야 다 왔다. 저기 봐라. 푯말이 보이지 않니? 이제 100m밖에 안 남았어."

이제 하나, 둘, 셋 하는 악에 받친 구령 소리도 들리지 않는다. 정확하게 11시 40분, 드디어 정호도 산장 안에 들어섰다.

우레와 같은 박수와 함성이 산장을 뒤흔들었다. 그러나 지쳐버린 정호에게는 아무런 소리도 들리지 않았을 것이다. 부지런히 옷가지를 벗기고 대여섯 명이 달려들어 전신 마사지를 시작했다. 정호의 눈동자를 보니, 기절할 정도는 아닌데 온몸을 사시나무처럼 떨었다. 새 옷으로 갈아입히고 뜨거운 차를 마시게 했다. 졸음이 쏟아지는 모양이다. 손가락 끝의 감각을 물으니 멍하다고 했다. 바늘을 준비하고 열 손가락과 발가락을 따주어 피를 냈다. 정호는 정확하게 16시간 10분 동안 6.8㎞ 거리를 등반했다.

"정말 대단한 정신력들입니다. 장애인들에게 너무나 많은 것을 배웠습니다."

정호를 끝까지 보조해 주었던 등산객 한 분이 눈물을 글썽이면서 하는 말이다. 비단 그뿐만이 아니었다. 우리 대원들을 보조해 주었던 모든 사람은 한결같이 강한 정신력과 투지에 탄복하고 있었다.

코 고는 소리가 기분 좋게 들린다. 몸은 피곤한데 잠은 오지 않았다. 온도계를 보니 영하 27도다. 그 상태라면 바람을 동반한 체감 온도는 영하 30도가 넘는 기온이다. 다음날, 계획을 변경해 오색으로 다시 내려가기로 하였다. 06시 10분, 대원들에게 내 계획을 얘기했다. 다들 찬성이었다.

미련을 버리자. 그래야 또 설악산을 찾을 것이 아닌가.

11시 10분. 간단하게 기념 촬영을 하고 바로 하산을 시작했다. 장애인은 우선 자기의 장애를 본인이 솔직하게 인정할 수 있는 용기와 무엇이든 하면 된다는 신념으로 최선을 다하는 인내력이 필요하다는 우리들의 독백은 그 열매를 맺고 하산했다.

이틀간의 총 산행 시간은 22시간 30분, 거리는 13.6㎞. 눈과 추위와 강풍에 맞선 장애 대원들의 싸움은 끝났다. 한 번의 사고나 한 명의 부상자도 없이 이루어진 설악산 등반이다. 이들 주인공들이 더 높고 험한 산에 도전할지 나는 모른다. 그러나, 그들은 밤마다 에베레스트의 만년설을 꿈꿀 것이고, 그 누구도 그들의 그 꿈을 깰 수도 없고 깨서도 안 된다.

지면을 빌어서 이 등반 계획에 협조를 아끼지 않으신 설악산 안전구조대 대원들, 양양 군수님과 군민여러분, 와일드스포츠의 등산학교 동창회장님, 속초 식당 옛 제자와 부모님, 설악산 관리소 직원 여러분들에게 깊은 감사를 드린다.

006. 만세, 되게 춥다!(적설기 설악산 등반기)

설악산 대청봉 정상 표지석 앞에서 환호하는 장애 대원들. 그렇지만 설악산 등반은 아직도 끝난 게 아니다.

뇌성마비 장애아 3명과 소아마비 장애아 1명 총 4명의 장애아 등반활동가와 등행 보조대원 16명이 함께한 총 산행 시간은 22시간 30분. 거리는 13.6㎞. 눈과 강풍을 동반한 체감 온도는 영하 30도. 남설악 오색약수터 근처 여관에서 1박하고 영하 16도의 날씨 속에 출발해 영하 27도의 대청산장까지 16시간 10분 동안 6.8㎞ 거리를 등반하고 역코스로 하산했다.

설악산 대청봉 정상 표지석 앞에서 환호하는 장애 대원들의 모습이다. 그렇지만 설악산 등반은 아직도 끝난 게 아니다. 안전하게 하산해서 무사히 집에 도착해야만 비로소 등반이 끝난다. 집으로 돌아온 이들 앞에는 과연 어떤 삶이 기다리고 있을까?

등산(登山)이란 일반적으로 산에 오르는 모든 행위를 말하는데, 트레킹(trekking: 산 정상을 오르는 것이 목적이 아니라 산의 풍광을 즐기는 것), 백패킹(backpacking: 무거운 등짐을 지고 문명 세계에서 벗어나 산록 일대의 산길을 자유롭게 방랑하며 자연 친화를 추구하는 것), 하이킹(hiking:가벼운 옷차림이나 장비로 고원, 평야, 구릉, 해안지대 등을 거닐며 자연을 즐기는 형태), 등반(Climbing: 손을 쓰지 않고는 오를 수 없기 때문에 전문적·기술적인 방법을 동원해야 하는 행위)등 협의적으로 분류하기도 한다. 등산은 발만으로 오를 수 있는 것을 의미하는데 비해 등반은 험준한 자연암벽을 오르는 암벽 등반과 눈, 빙벽을 오르는 설·빙벽 등반 그리고 인공암벽등반 등이 있다. 등반(登攀)의 반(攀)자가 휘어잡거나 당긴다는 뜻을 가졌기 때문인데 이런 목적의 등반을 즐기는 사람을 클라이머(Climber)라고 부른다.

대다수의 장애인이 산에 오르는 행위는 등산이라기보다는 등반에 더 가깝다고 할 수 있다.

산에 오르는 일 그 자체에서 즐거움을 구하고, 건강한 생활을 영위하고, 질서 생활을 체험하며, 자연을 보호하는 습관을 익힐 뿐 아니라, 포용력을 기르는 등 등산은 종합적 스포츠의 색채가 강하다. 따라서 등산의 목적도 매우 그 폭이 넓을 수밖에 없다. 일반적으로 등산은 건강 증진, 심신 단련, 자연보호 의식 고취, 인간관계 개선 등은 물론, 의지력·포용력·자신감·인내력·결단력 등 정의적 영역(흥미. 태도. 가치관. 감정 등)에 그 효과가 매우 큰 것으로 알려져 있다. 특히 장애인에게 등산은 잠재적 기능 발굴 및 신체적 발달도모·재활 의지 고취 및 자신감 확인·대인관계 향상 및 사회적 기술증진·직접 경험 기회 확대 및 장애인에 대한 사회 인식개선·또래 관계유지 및 간접적 가족지원 등 삶의 의지를 심어주는 데 더할 나위 없이 좋은 체험 활동이며 여가선용을 위한 자연 친화적·야외 여가문화 프로그램의 대표 격이라 할 수 있다.

우리나라 등산 인구는 해마다 늘고 있으며, 주5일 근무에 따른 여가 생활의 으뜸이 되어가고 있다. 이들이 산을 찾는 목적은 운동, 사색, 학습, 휴식 등으로 나타난다. 아울러 등산 인구의 증가와 함께 등산의 형태도 다양해져 일반적인 도보 산행, 암릉등반, 암벽 및 빙벽 등반, 해외 트래킹등도 즐기고 있고. 소수이긴 하지만 일부 장애인들도 동참하고 있다.

대한장애인체육회(2007)에서 실시한 장애인 생활체육 실태조사에 의하면 우리나라 장애인들이 도전하고 싶어 하는 운동 종목은 수영, 등산, 볼링, 파크 골프의 순으로 나타났다. 이와 같은 추세는 여가문화 참여기회를 통한 삶의 질 향상에 대한 장애인들의 기대가 그만큼 높다는 것을 반증한다고 할 수 있다.

오늘날의 등산은 장애인을 포함한 인간의 생활 속 여가문화로서 건강과 즐거움을 누리게 하는 대표적인 자연 친화적 여가활동 프로그램으로 자리매김 되고 있다. 이런 관점에서 등산에 대한 장애인들의 참여 욕구를 파악하고 그 결과를 토대로 장애 유형과 상태에 따른 등산 방법을 소개하여 다양한 장애인들의 등산 참여기회를 확장 시키는 노력이 필요하다. 이는 세계적인 여가문화의 시대적 조류와 서로 어울려 잘살자는 사회적 기대에 부응하는 가치로운 일이 될 것이다.

007. 보조기(내 몸과 같이)

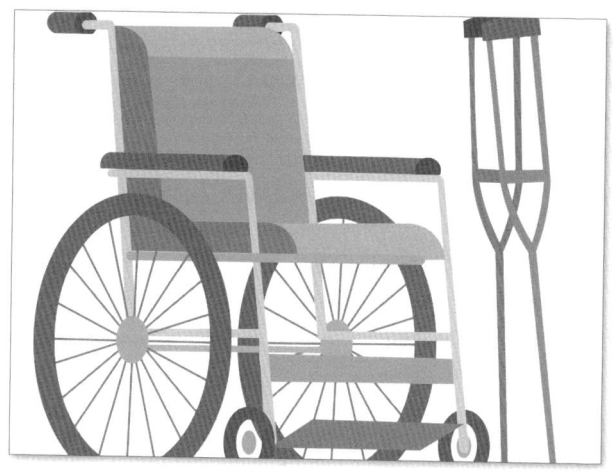

장애인에게는 지팡이, 점자, 안내견, 보청기, 목발, 휠체어 등의 보조기들이 필수품이다.

보장구(보조기)는 운동을 제한하거나 체중 부하를 감소시켜 통증을 없애고 약증, 통증 또는 회복기에 있는 근육 골격 부위를 고정하거나 보호하고, 골격에 미치는 무게를 감소시키며 변형의 교정 및 발생 예방과 아울러 기능증진이 목적이다(서울장애인복지관, 『재활용어사전』, 서울: 기쁜소식, 1995).

시각장애인에게는 흰 지팡이, 광학기기, 점자 또는 안내견이 필요하고, 청각장애인에게는 보청기나 수어가 필요하며 지체장애인에게는 지팡이, 목발, 보행기. 의자차(수동, 전동) 등의 보조기들이 필수품이다. 특히 기능·형태상 장애를 가지고 있거나 몸통을 지탱하거나 팔다리의 움직임 등에 어려움을 겪는 신체적 조건이나 상태로 인한 지체장애인들에게 기능증진을 위해 인체의 외면에 부착시키거나 공급하는 기구로서 보조기(Brace)는 그들의 신체에 일부분이나 다름없이 소중하고 중요하다.

그럼에도 불구하고 과거에는 보장구에 대한 관리나 생산 및 지원은 그리 원활하지 못했다. 근래 들어 장애인복지법, 장애인차별금지법, 장애인, 노인, 임산부 등에 대한 편의시설증진법 등에 근거해 무장애 공간의 설치 및 확산이 시도되고 있으나 그리 만족할 만한 상태는 아니다. 다시 말해 아직도 우리 사회는 장애인의 원만한 일상생활 영위가 어려운 환경이라는 것이다.

환경은 장애인의 생활에 어떤 영향을 미칠까? 개인이 몸 또는 마음의 구조 일부 또는 전부가 생리학적, 해부학적, 심리학적으로 손상(impairment)을 받게 되면 그것은 원래의 기능을 제대로 수행할 수 없는 기능상의 제약(disability)을 받게 되고, 그 기능상의 제약으로 인하여 그 개인이 속한 사회적, 물리적 상황이나 장소에 자연스럽게 참여하여 독립적으로 생활하는 데 있어 다양한 불이익(handicap)을 당하게 된다. 이러한 일련의 활동 제한은 상대적인 의미를 내포하고 있다.

즉, 아무리 장애를 가지고 있는 사람이라 하더라도 그들에게 적합한 심리적/물리적 환경을 제공하게 되면 이를 얼마든지 극복하고 사회에 적응할 수 있게 된다. 다시 말해 개인과 환경 사이의 적합성만 유지시켜 준다면 장애로 인한 기능제약 및 불이익은 더이상 존재하지 않거나 최소화할 수 있게 되는 것이다(박원희, 연구보고서, 「장애인을 위한 편의시설 및 무장애 공간에 관한 연구」, 단국대학교 특수교육연구소, 2003).

1981년부터 현재까지 활동을 꾸준히 이어오고 있는 장형회(장애인복지형상회)는 이와 같은 학술적 내용이 발표되기 훨씬 전부터 이미 이런 상황을 인지하고 현장 실천을 하고 있다.

장형회는 장애인들에게 자신들이 가진 심리적/물리적 손상과 제약을 최소화시킬 수 있는 개인 장비와 환경의 중요성을 강조하였다. 더 나아가 무장애길 등 기능제약을 없애는 사회환경을 만들어 가고자 노력하였다. 그리고 이 불편한 환경에서 장애인이 잘 적응하기 위한 생활적응훈련을 강조하였다.

이러한 장형회의 실천 방안의 시도가 도심지 적응훈련이었다. 학교 안 특수교육을 학교 밖 사회로 끌어내리는 시도였던 도심지 적응훈련의 결과는 장애인 전용지도제작으로 이어졌다. 또 장애는 치료의 대상이 아니라 관리의 조건임을 드러내고자 악착같은 장애 극복 의지를 표출한 인수봉 암벽 등반 등의 활동을 이어갔다. 이제는 자연 친화적 활동 중심의 여가문화 프로그램의 자리매김을 통한 장애인 평생교육 및 복지를 지향한 활동을 이어나가고 있다.

008. 조금이라도 더 가까이 (관악산 등반기)

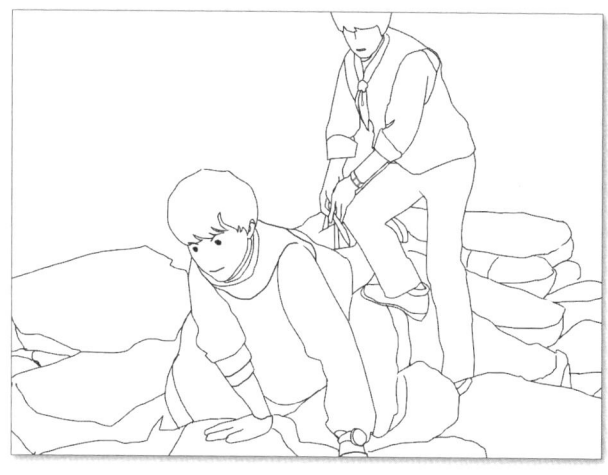

다음 해에 실시예정인 한라산 적설기 등반을 위한 연습등반으로 관악산 연주대로 향하는 장애 대원과 그를 지원하고 지지하는 자원봉사대원.

두 사람을 위해 장비운반팀과 의료팀을 합쳐 3~4명이 더 동원된다. 등반 상황에 따라(숙박, 산세, 날씨 등) 증·감이 됨은 물론이다. 등반을 비롯한 모든 자연 친화적 활동 프로그램의 핵심은 안전이 최우선이기 때문이다.

안전함이라는 말은 일단 살아 있어야 한다. '한 생명이 태어나는 것은 한 세상이 열리는 것이고, 한 생명이 사라지는 것은 한세상이 닫히는 것이다.'

이 말은 장형회 회원이나 같이 활동해본 사람이라면 누구나 공감하는 말이다. 모든 생명의 소중함을 알기에 근 40여 년간 이어온 다양한 활동에도 불구하고 단 한 번의 불상사도 일어나지 않았다. 그것이 가능했던 또 다른 이유는 장형회는 '자원봉사'가 아니라 '자원 활동'을 했기 때문이다.

장애인과 함께하는 그 어떤 활동이든 반드시 숙지해야 할 사항 중 우선순위는 상대방과 입장 바꾸어 보기, 즉 공감이다. 공감하기를 통해 그 존재에 좀 더 가까이 가려고 하는 것이다. 장형회는 그 공감하기를 바탕으로 장애인을 베품의 대상이 아닌 함께하는 존재로 활동을 이어왔다.

활동의 기본은 부정적인 의미가 강했던 '장애'를 하나의 개성이나 특성으로 이해하고 '장애인'을 무능력한 대상이 아니라 능력이 각기 다른 존재로 여겼으며, 함께 사는 사회의 구성원으로서 별종이 아닌 우리의 가까운 이웃으로 대해야 한다는 것이었다. 그래서 우리는 어떠한 경우라도 장애 당사자들의 이름을 항상 불러준다. 이름을 불러주는 것은 '의미 있는 존재'로 인식하게 하는 지름길임을 잘 알고 있기에 전통처럼 이어진다.

그동안 자원봉사라는 말은 이타주의와 동일시 되었고 타인의 행복을 위해 기꺼이 희생한다는 의미를 내포하고 있었다. 그 희생은 당연히 타인에게 내가 베풀어주는 것이었다. 그러나 과거와 달리 오늘날의 자원봉사는 남을 위해 나를 희생하는 이타적 행위로만 간주해서는 안 될 것이다. 이러한 봉사의 태도는 타인을 시혜를 베풀어야 하는 대상으로 보게 하기 때문이다.

봉사가 아니라 활동이 되어야만 타인을 동등한 대상으로 대할 수 있다.

그래서 이제 자원봉사라는 말은 이타가 아니라 자리이타(自利利他) 활동이어야 한다. 곧 '남을 위해서 나를 희생한다' 보다 '나를 위할 뿐 아니라 남을 위하는 활동'으로 이해되어야 하며, 일방적인 보호와 시혜의 대상이 아닌 선택적 평등과 참여를 통해 장애인과 자원봉사자가 함께 누리는 것으로 되어야 한다.

009. 다른 시작(적설기 한라산 등반기)

적설기 한라산 등반의 한 장면. 오늘의 목적지인 어리목 산장으로 향하는 길이다.

1986년 1월, 1여 년의 연습산행과 운악산에서 최종 마무리 산행을 마치고 한라산 등반을 떠났다. 어제 난생처음 비행기를 타고 제주공항을 거쳐 보이스카우트 제주지부 사무실에서 1박하고, 오늘의 목적지인 어리목 산장으로 향하는 길이다.

맨 앞의 아이는 폴리오라는 바이러스 균에 의한 전염으로 한쪽 어깨와

두 다리가 불편한 소아마비 장애다. 다행히 소아마비 장애는 백신 개발과 접종 덕에 우리나라에서는 1985년 이후에는 발생되지 않지만, 빈곤한 제3국에서는 아직도 발생하고 있다.

아이의 바지 속에는 몸의 균형 유지와 보행을 위해 쇠로 된 보장구(브레이스)를 착용하고 있어 그 무게만큼 체중이 가중되어 양쪽 목발 운용에 힘이 더 든다. 거기에다 눈길의 미끄러움 또한 보행의 걸림돌이자 안전사고의 원인이 되기도 한다.

그러나 이런 것은 별로 문제가 되지 않는다. 왜냐면 우린 이미 여행을 떠났기 때문이다. 직접 손발을 땅에 대고 걷는 미지의 세계로의 여행행위야말로 인공과 도시, 기계문명이 가득한 세계에 붙들려있는 자아를 해방시키는 수단이자, 타고난 재능을 깨달아 나를 성장시키는 통로일 수 있다. 그러니까 한겨울이라도 산꼭대기에 오르고 싶다는 생각을 한다. 우리가 살아가는 문명의 세계에서 아직도 낯선 세계에 머물러 있는 장애인이기에 나를 성장시키려 이 여행을 떠났다.

여행을 떠난 후에는 나에게 미안하지 않을 거라는 벅찬 감정으로, 기어서라도 이루고 말겠다는 행동으로, 천천히 한 걸음씩 전진하고 있는 우리는 장애를 떨쳐버린 온전한 개인들이다.

010. 때론 업혀 가도 괜찮다(적설기 한라산 등반기)

적설기 한라산에서의 하산 길이다. 활동가의 등에 업힌 장애아와 자원 활동가를 바라보는 동행인들의 모습에서 안전기원의 염원을 듬뿍 느낀다.

아이는 소아마비로 쓰지 못하는 하체를 자원봉사자의 양손에 맡기고 양팔로 기어오르다 결국 자일에 의지해 올랐던 2박 3일간의 등반이었다. 두 발이 아닌 두 손으로 기어오를 땐 장애 당사자는 물론이고 함께하는 동행인들조차 오로지 오르는 몸놀림 외에는 아무것도 없었다. 그야말로 집중과 몰입 그 자체였다. 몰입을 통한 그 존재 자체로 인식하는 것이다. 뭔가 도움을 주어야 하는 미완의 대상이 아니라 생명력을 지닌 온전한 존재라는 인식이다.

이 세상에서 자신의 존재만으로 우뚝 서 삶의 주도권을 쟁취하려면 자신이 스스로 행동함으로써 문제를 해결할 수 있다는 믿음, 즉 자기 효능감이 필요하다. 남과의 비교나 열악한 환경에 연연하지 않고 지속적인 자기 발견과 몰입 경험을 통한 자기 효능감의 성장을 거듭해야 한다. 특히 장애인 교육과 훈련에서의 작은 성취감은 그 어느 것보다 중요하다. 내가 나를 이해하고 인정하며 스스로 자랑스러워하는 것이야말로 최고의 행복함이다. 그럴 때 타인의 의식이나 제한적 환경은 문제 될 것이 없다. 그래서 때론 업혀서 간다 해도 전혀 부끄럽지 않다.

그러나 일부 장애인은 평범한 사람 속에서 평범하게 사는 것보다 장애를 무기로 그에 합당한 대우를 요구하는 몰염치한 삶의 방식을 택하는 경우도 있다. 장애는 자기 관리의 조건일 뿐이지 부끄럽거나 숨겨야 할 이유는 전혀 없다. 오히려 나만의 개성이다. 그러니 함께 사는 사회 속에서 나의 장애는 절대로 타인의 권리를 저해하는 핑계나 무기가 되어서는 안 된다. 장애로 불편한 것은 장애 당사자다. 그 불편함에 대한 장애 당사자의 강조가 강하면 강할수록 문제해결의 길은 요원해진다.

011. 백록담과 5명의 팀원들(적설기 한라산 등반기)

적설기 한라산 등반 중 하산 길에 주저앉은 아이와 일행들의 모습이다.

뭔가 불편함을 호소하는 듯한 아이의 모습이다. 혹시라도 동행인들에게 불평을 하는 건 아닌지 하는 생각도 든다. 일반적으로 불만족스런 뭔가에 자신의 처지를 투덜대는 불평은 누구에게나 있을 수 있지만, 특히 나름 인지능력이 있는 장애인에게 흔하게 나타나기도 한다. 불평은 뭔가 투덜대면 상황이 나아질지 모른다고 생각할 때나 들어줄 사람이 있을 때 나오는 현상이다.

겨울철 등반에서 최고의 적은 추위와 어둠과 누적된 피로다. 일몰 전에 출발지까지 하산해야 하는 상황에서 한 사람의 낙오는 나머지 네 사람의 낙오니 결국 다섯 사람의 낙오로 이어진다. 그러자면 그 다섯 사람의 구조를 위해 최소한 열다섯 사람 이상의 구조대가 투입되어야 할 상황으로 번질 수도 있다. 그러니 아이의 불평은 그런 상황을 피하기 위한 호소였을 것이다.

일반적이라는 말은 항상 상황에 따라 특별함으로 바뀔 수 있는 가변성을 띈 것처럼 우리 아이들과의 활동에는 전혀 예기치 못하는 상황이 종종 발생한다. 그래서 상황에 따라 신속한 대처방안이 필요하다. 즉, 융통성이다. 극한 상황에서 성공과 실패는 물론 생과 사를 결정하는 열쇠이기도 한 융통성은 경험치의 결과다. 노련한 경험치로 무장된 동행인들이 그의 호소를 적절히 알아듣고 해결해주었으니 모두가 안전한 하산을 할 수 있었음은 두말할 필요가 없다. 그래서 장애인 합동 등반에서 가장 중요한 것이 팀워크임을 재삼 확인한다. 팀워크는 팀원 각자가 자기의 할 일을 해내는 것에서 비롯된다.

등반에서 우리 아이들을 포함한 우리 모두가 원하는 것은 최소한 다치지 않고 최대한 죽지 않고 자기 집으로 돌아가서 편하게 자는 것이다.

012. 울다가 웃다가 (적설기 한라산 등반기)

겨울 한라산 정상에서 울다가 웃으며 찍은 사진이다.

얼(내면의 생각), 굴(외면의 드러냄). 곧 내면을 표현하는 반사체, 즉 그 사람 마음의 거울인 셈이다. 사람의 얼굴은 맡은 소임이 다른 시각, 청각, 후각, 미각기관이 모여 있는 부분이고, 신체 구조 중에서 타인의 눈에 가장 잘 띄는 곳이다. 얼굴은 한 사람의 이미지를 대표하고 신원 확인을 가능하게 하는 부분이며, 인간의 현재 상태나 감정을 직관적으로 알려주는 구실을 한다. 특히 감정의 움직임에 따라 그 모양이 약간씩, 또는 대단히 많이 변형되어 일정한 형태를 취하게 되는데 이것이 표정이다.

인간에게는 얼굴만 특정적으로 계산처리 하는 뇌 영역이 따로 있으며, 이것은 인간은 '얼굴 인식 = 사람의 신원 확인 = 사람의 감정 읽기'라는 신기한 능력을 태고적부터 진화시켰다는 증거가 된다. 이 영역이 사고나 선천적으로 없는 사람이 있는데, 안면인식장애로 불리는 이들은, 사람의 얼굴을 잘 인지하지 못하고, 후천적 훈련을 통해서만 그 사람의 말투, 주변 액세서리, 머리 모양 등을 통해서 인지할 수 있을 뿐이다. 이 영역은 당연하게도 사람의 표정을 읽는, 나아가서 상대의 기분을 파악하는 용도로도 쓰이는데, 현대 심리학에 따르면 자폐성 장애는 바로 이 부분이 제 기능을 다 하지 못해 생긴다고 하지만 개별성이 강한 특수아의 입장에서는 쉽게 일반화할 수는 없다.

1년여의 연습과 그 결과를 나타낼 등반경비마련을 위한 일일 찻집 운영, 친구와 선배 찾아 후원금 구걸하기, 그리고 집사람 몰래 월급 일부 삥땅치기, 종로5가 장비 가격 싼 집 찾아 서비스 물품 얻기, 악천후로 전문가 아니면 입산 금지 통보한 경찰서 찾아가 경찰동행 등반하에 입산 허가받기, 장애인은 보험처리 불가에 통사정하기 등등으로 정말 어렵게 이루어진 한라산 정상 오르내리기였다.

장애에 대한 값싼 동정이 아니라 진정한 이해를 받고 싶었다. 장애인은 몸(손상, 저기능, 저능력)을 기준으로 이루어지는 차별의 대상이 아니라 각자의 가치를 가진 존재로 이해받고 싶었다. 오늘날 일상어처럼 사용되는 공감을 바라고 원했기에 이를 악물고 악다구니를 썼다. 이것은 물론 나만의 섣부른 생각일 수도 있다. 함께한 사람 중 장애 당사자나 동행자 또는 협력자 누구든 내 생각과 다를 수도 있다는 것은 의심의 여지조차 없다.

 적설기 한라산 등반은 쓸데없는 충격요법 중에 하나라고 하거나, 자기 욕구 충족을 위해 장애인을 혹사시켰다고 비판하는 이들도 있었고 직접 전화를 걸어와 욕설 잔치를 벌인 사람도 있었지만 무심히 받아넘겼다. 아무 일도 하지 않으면 아무런 문제도 일어나지 않지만 변화를 꿈꿀 수도 없다는 것을 알기 때문이다.

013. 비행기 타고 왔어요(적설기 한라산 등반기)

한라산 정상에서 대한항공 깃발을 들고 찍었다. 비행기 푯값을 반액 할인해 준 대한항공에 대한 감사의 의미였다.

그 당시에 서민들의 비행기 타기는 제주도 신혼여행 때 빼고는 경비 문제로 애써 거부하는 게 상식일 정도였다. 나 역시 제주도로 신혼여행 갈 때만 이용하고 올 때는 배편으로 부산항을 거쳐 기차를 타고 서울로 돌아왔던 기억이 새롭다.

처음 김포공항에서 제주도로 출발할 때 공항 청사에서 출국심사와 소지

품 검사를 마치고 비행기로 직접 탑승한 것이 아니라 대기 장소에서 순환 버스로 비행기까지 이동했고 이후 업거나 부축해서 트랩을 올라 지정 좌석에 탑승했다. 그 과정에서 주변인들의 따가운 시선을 의식하지 않을 수 없었다. 가장 나중에 타고 맨 마지막에 내리는데도 흘끔거리는 주변 사람들의 시선은 그리 곱지 않았다. 그때 깨달은 것 중 하나가 장애인이 문명의 이기를 이용할 때 자·타의로 시선을 의식하지 않으려면 가장 먼저 오르고 가장 늦게 내리는 것이었다.

불구자에서 장애자로 다시 장애인으로 명칭이 변하고, 장애인 등에 대한 특수교육법, 편의 시설 증진법, 장애인차별금지법 등의 법령과 그에 따른 시행령에 의해 제도가 생겨나고 갖가지 방안들이 나와 물리적 환경은 나름 개선되고 있지만, 이용자 중심의 세부적 실천내용은 그리 충분하지 않다.

이상적인 사회는 장애 유무와 관계없이 구성원 모두에게 적절한 편의를 제공하고, 사회의 어떤 구성원도 접근할 수 없거나 참여하지 못하는 것이 없어야 한다. 분명 모든 사람은 노화 등의 이유로 어느 시점에서는 신체적 어려움에 직면하게 된다. 따라서 신체적 어려움을 다루는 것은 그 정도와 무관하게 정상적인 과정으로 다루어져야 한다. 그런 면에서 장애라는 용어는 적절하지 않음에도 불구하고 특히, 장애인에 대한 대국민 인식은 여전히 선언적 의미에 머물고 있다는 생각을 부인할 수 없다.

등반을 마치고 제주 시내 숙소로 돌아오니 방안에 감귤을 비롯한 먹거리들이 그득했다. 그 발단은 우리들의 노력이 당시 우리나라 양대 TV 방송사인 KBS와 MBC에서 방영된 덕분이었다. 그 덕분에 서울로 돌아오는 대한항공 비행기 좌석이 일반석에서 일등석으로 바뀌는 호사를 누려보기도 했다. 어쩌면 한라산 적설기 등반은 장애인에 대한 관심 끌기의 신호탄일 수도 있지 않았을까 하는 망상도 해보았다.

014. 최고의 피서법(북한강 탐사기)

북한강 탐사의 조별 마지막 구간인 제4구간으로 우측에 운길산이 보인다.

조별 마지막 제4구간의 장애 대원은 뇌성마비 6명과 소아마비 6명으로 총 12명이고 부대장을 포함해 총 15명이다. 각 선대별 선착순 운행을 지침으로 다시 시작된 전력을 다한 노 젓기이다. 힘차게 목적지를 향하는 저들을 그 누가 장애인이라고 외면하고 동정만 할 것인가? 저마다 다른 장애에도 불구하고 나름대로 하나의 목적을 이루기 위해 노력하는 저들에게 어째서 그다지도 기회가 적고 사회의 문턱은 높기만 한 것인가?

목발을 놓아두고, 철제보장구를 떼어내고, 휠체어를 벗어나서, 없는 팔 한쪽을 대신할 목조 대용물을 스스로 만들어 부착하고 떠났던 7박 8일간의 뱃길이었다. 일반인과의 완전한 통합이나 장애인의 완전한 평등과 참여를 위한 모든 것들이 쉽지는 않다. 그러나 쉽지 않다고 해서 시작마저 주저할 수는 없지 않은가. 어떻게 해서든지 우리 장애인에게 용기와 희망과 나도 해냈다는 성취욕의 기회가 많아져야 한다. 쏟아지는 빗속을 헤치고, 뜨거운 한낮햇볕을 뚫으며 손바닥이 짓무르도록 노를 저은 것은 불평등한 사회를 향한 불만의 호소나 저항이 아니다. 단지, 나 스스로 대상이 아니라 존재라는 사실을 확인하고 싶을 뿐이다. 그래서 나의 장애를 인정하는 모습을 볼 수 있는 제2의 나를 만들기 위한 모험을 즐기는 중이다.

이때 작성된 북한강 탐사 계획서에 적시된 목적은 '다양한 경험의 축적과 '할 수 있다'는 재활신념 현실화의 일환으로써 자체 야영과 수상 활동을 통해 극기와 인내를 기르고 자기 발전의 기회를 부여하기 위함'이다.

그에 따른 추진방침은 가: 재활 교육적인 면에서 실시한다. 나: 신선하고 실질적인 방면에서 장애인들의 현실참여를 유도하고 일반인들에게 보다 알찬 장애인에 대한 인식을 심어주도록 한다. 다: 한국해양소년단의 적극적 협조와 긴밀한 유대하에 추진한다. 라: 경비는 후원자의 물색으로 충당한다. 마: 자원봉사자의 활용을 적극 추진한다. 바: 참가자(대원)는 만일의 사태에 대비하여 서약서를 부모 또는 보호자의 명의로 받는다. 사: 참가자는 행사의 만전을 기하기 위한 예비 실행을 실시한다.

이를 위한 방법으로 가: 대원의 피로 가중 및 인력과 장비의 수송문제를 감안하여 5구간으로 나누어 릴레이 방식을 취한다. 나: 숙식은 야영 활동으로 대치한다. 다: 선대의 구성은 선발대, 본대, 후발대로 편성하며 본대는 반드시 호위대 및 구조대의 보호 속에 활동한다. 라: 예정된 지점에 캠프 설치와 철거는 선발대와 후발대가 맡는다.

돌이켜보면 엉성하기 짝이 없는 계획서였지만 하고자 하는 열정과 실천을 향한 용기와 패기는 가상했다고 생각한다.

015. 197km의 끝이 보인다(북한강 탐사기)

7박 8일간 치른 장애인 북한강 탐사 중 금남유원지에서 팔당 댐까지 26km 구간으로 현 지점은 양수리 근처를 운항 중이다.

어젯밤 가평 남이섬에서 청평댐을 거쳐 이곳 금남에 도착하기까지 누적된 피로를 이기지 못한 불침번의 실수로 인해 새벽 5시 30분 기상이 1시간이나 지체되어 출발 예정 시간인 8시를 훨씬 넘긴 9시 정각에 출발했다.

어젯밤에는 날씨가 맑더니 출항 직후부터 비가 내리기 시작한다. 오늘까지 줄곧 우중 항해다. 나를 비롯한 부대장과 대원들 모두 감아입을 옷도

말릴 수 없는 상황이라 텐트 속마다 꿉꿉한 냄새가 진동한다. 겨울철 한라산 등반 때는 퍼붓는 눈보라, 여름에는 폭우… 지겨울 정도다. 그러나 악천후 속에서의 집념의 성취는 더욱 값진 것이 아니겠는가.

자연에의 도전? 아니 이것은 자신에 대한 도전이다. 자연의 시련이 많으면 많을수록 그에 따른 성취감도 더욱 높을 테니까. 해 보자.

1984년 미국 뉴욕에서 열린 패럴림픽 때 보았던 인도 선수가 생각났다. 팔과 다리의 관절 부위가 모두 자라지 못해 그야말로 몽당팔과 몽당발을 가진 그 친구가 수영에서 당당히 금메달을 목에 거는 것을 보고 얼마나 많은 것을 느꼈던가! 거기 비하면 북한강 탐사에 나선 우리 43명의 대원들의 장애는 아무것도 아니다. 오히려 더 잘 해낼 수 있다. 다만 장애인 스스로 해 보지도 않고 미리 포기하기도 했고, 또한 해 볼 기회조차 변변치 않았던 것도 사실이다.

그토록 퍼붓던 빗줄기가 어느새 멈추고 서편 하늘이 개면서 환한 햇볕이 쏟아진다. 아뿔사! 이 햇볕들이 우리 대원들의 드러난 맨살을 마구 태울 테지만 그래도 맑은 하늘로 인해 파란 강물 위를 떠가는 것이 훨씬 여유롭기에 대원들 모두 용기백배다. 도착 예정 시간 오후 5시. 8시간의 항해다. 4조는 늦게 출발한 만큼의 시간 만회를 위해 점심을 과일과 사탕으로 대신하기로 했다.

아무리 지쳐도 모터링(모터보트에 끌려가는)은 절대 하지 않겠노라고 모든 조원이 약속하고 떠난 항해다. 모든 것은 선대장에게 맡기기로 했다. 오후 1시 양수리 철교 밑에서 합류해서 계획된 무인도 탐사에 필요한 간단한 전달을 끝내고 2시 정각에 족자도에 상륙했다. 온 천하를 얻은 것처럼 흥분된 대원들. 언제 다시 이런 기회가 주어질 수 있을지 모르겠다. 다만, 이런 기회가 자주 있기를 바랠 뿐이다. 동행한 간호사 대원이 매우 분주히 움직인다. 4조의 대다수 대원이 압박붕대로 상처를 싸매었기 때문에 흡사 부상병들을 후송하는 것 같다.

드디어 오후 5시 10분 팔당댐에 도착했다. 이미 집결지에는 1.2.3.4조의 대원과 부대장, 필요량의 보트와 부속 장비 일체, 야영 장비와 식량 등 모든 물건과 인원이 기다리고 있다. 이제 조별 항해는 모두 끝나고 드디어 내일은 모든 탐사대원이 함께 야간 항해를 시작한다. 저녁 식사 후 20시에 출발하여 도착지인 미사리에는 22시 도착으로 대장 회의에서 결정을 보았다. 오늘은 그동안의 모든 피로를 벗고 새로운 단결과 협동을 위한 캠프파이어와 염원의 편지쓰기 및 촛불 의식을 진행할 계획이다.

탐사 시작 2주 전쯤으로 기억된다. 경비마련을 위한 협조요청과 계속된 훈련 무리로 인해 학교 수업 5시간을 모두 빼먹고 오후 4시에 출근을 했더니 놀라운 일이 벌어졌다. 지도자가 없음에도 불구하고 대원들 스스로 모여 자체적인 훈련을 하고 있었다. 저들의 의지가 나로 하여금 새로운 힘을 낳게 하고 교사로서의 자긍심을 느끼게 하며 서로의 유대감을 깊어지게 했다.

016. 금강산도 식후경(북한강 탐사기)

지체장애인 혹서기 북한강 탐사 중 양구 선착장 근처 임시 야영지에서 식사 준비 중인 운영진 모습이다.

우리 아이들이나 함께하는 운영진이나 먹고 자고 노는 일은 대동소이하다. 다만 운영진은 우리 아이들보다 일찍 일어나고 늦게 자며 거의 서서 먹고 순식간에 볼일 본다. 그리고 항상 모든 감각기관은 우리 아이들을 향해 있기에 자신의 정서를 즐길 겨를은 솔직히 없다.

운영진의 누군가는 반드시 선발 대장이 되어 숙영지를 답사하고 숙영

장비를 내리고 숙영 터를 닦고 먹을 물 확보하고 텐트 치고 밥해놓고 간이 화장실 만들고 설거지 장소까지 확보해 놓은 다음 본대의 도착을 기다린다. 하룻밤이 지나고 아침밥 먹고 본대가 출발하면 어제의 선발대는 후발대가 되어 숙영 장비 철거 및 정리를 하여 수송 차량 적재, 간이 화장실 및 설거지 장소 원상복구와 쓰레기 정리를 한다.

북한강 탐사에서는 이러한 여정이 7박 8일간 이어졌다. 탐사팀이 머물다 간 자리는 그야말로 깨끗 그 자체다. 적어도 장애인들이 그렇지 뭐 하는 소리는 듣기 싫었고 자연보호까지는 아니더라도 자연에 대한 최소한의 예의는 지켜야 한다는 약속이행의 결과다.

자연 속에서의 이러한 모든 활동은, 생각하고 행동하는 것이 아니라 행동을 통해서 새로운 사고방식을 얻으려고 하는 것이었다. 힘들어도 웃다 보면 즐거워지는 것처럼 행동은 뇌를 변화시킨다는 이론을 우리 아이들과 함께하며 이미 실천에 옮기고 있었다. 경험치의 소중함을 새삼 확인한 순간이다.

대부분의 우리 아이들은 사람과의 관계 맺기에 어려움을 느끼고 심지어는 두려워하는 경우도 있다. 안전을 이유로 장애인들만의 시공간에서 벗어나 본 적이 거의 없었고 일반인과 함께하는 프로그램은 고사하고 생각조차 해보지 않았기 때문이다.

우리나라는 1991년 11월 20일에서야 유엔아동권리협약을 비준했다. 이

협약은 아동을 단순한 보호 대상이 아닌 존엄성과 권리를 가진 주체라고 천명하고, 아동의 생존(타고난 생명을 보호받고 건강하게 자랄 권리)·발달(잠재능력을 최대한 발휘할 수 있도록 보장받을 권리)·보호(모든 형태의 학대와 방임으로부터 보호받을 권리)·참여(아동이 자신의 생활에 영향을 주는 일에 대해 의견을 말하고 존중받을 권리)에 관한 기본권리를 명시하고 있다. 이 협약 23조에 장애아동보호가 들어있으나 그 실천은 과연 권리 증진까지 이어졌는지는 의문이다.

017. 이게 더 힘드네(북한강 탐사기)

7박 8일간의 북한강 탐사를 마치고 종착지인 광나루 바지선에서 저녁 식사를 위해 워커힐 호텔 식당으로 이동 중이다.

지금 피곤함이 밀려오는 것이 분명하다. 그런데 알 수 없는 또 하나의 내가 피곤하고 나른하며 배고픈 나를 즐겁고 행복하며 너무나 유익하게 만들어 준다. 뿌듯한 성취감이다.

쏟아지는 장대비와 무섭게 내리쬐는 태양 볕과 거슬러 올라오는 바람결을 헤치며 버텨온 7박 8일간의 항해에서 우리 아이들은 과연 무엇을 느끼고 어떤 경험을 했을까? 그리고 이 항해는 우리 아이들 향후 삶에서 어떻게 기억될까?

그들에게 항상 말했다. 세상에 주인은 나라고. 그러니 절대로 주눅 들지 말고 당당하게 살아야 한다고. 당당한 삶을 위해서는 제일 먼저 나의 장애를 인정하고 드러낼 수 있어야 한다고. 그러니 우리들이 하는 이 모험은 그냥 모험일 뿐이며 극기를 위한, 보여주기 위한 쇼가 아니다. 그러니 누가 병신 육갑한다고 해도 그냥 씨익 웃어넘기고 내 할 일을 하면 된다라고도 했다.

내 인생 내가 산다. 내가 남의 인생 대신 살아줄 수 없듯이 남이 내 인생 대신 살아줄 수 없다. 내 인생은 오로지 내가 꾸려 살아남고 살아내며 살아주어야 하는 고유한 것이니 그걸 잊지 말자고 했다. 그래서 지금 이 순간을 즐기며 행복해하자고 했다. 우리 아이들을 돕겠다고 자원한 동행자들에게도 지금 이 순간을 즐기며 행복해하자고 했다.

질척대는 장맛비와 따가운 햇살과 역풍으로 인한 자연의 힘듦을 7박 8일 동안 견딘 기반은 그 무엇에 대한 저항이나 보이기 위한 수단이 아니라 그냥 지금 이 순간을 즐거워하며 행복해 보자는 것이었다.

018. 얕보지 마라(장애인 휠체어 레이스)

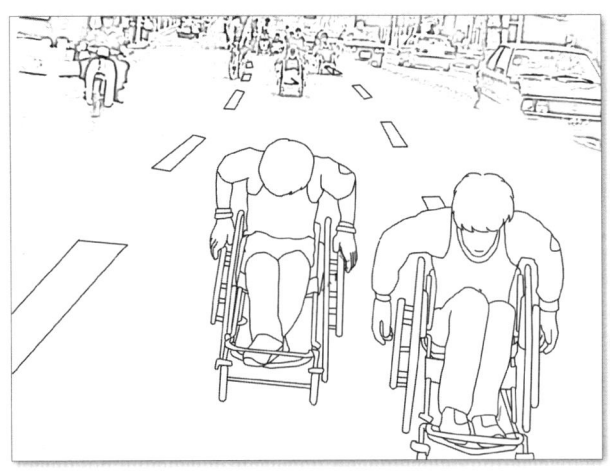

한국장애인재활협회 주관으로 실시된 장애인 재활대회에서 우리나라에 휠체어 레이스가 처음 도입되었으며 임진각에서 서울 여의도 63빌딩에 이르는 구간이었다.

매년 4월 20은 법정 기념일인 장애인의 날이다. 아울러 이날은 한국장애인재활협회 창립일이기도 하다. UN은 1981년을 장애인의 완전한 참여와 평등을 목표로 '세계 장애인의 해'로 선언하고 세계 각국에 기념사업을 추진하도록 권장하였다.

이후 한국에서도 '장애인의 해' 선언 취지를 달성하기 위하여 '세계 장애인의 해 한국 사업추진위원회'를 구성하여 각종 사업을 추진하였는데 보건사회부(현 보건복지부)가 4월 20일 '제1회 장애인의 날' 행사를 주최했다. 그러나 당시 법정 기념일로 지정되지 못하고 1982년부터 '한국장애인재활협회' 주관으로 '장애자 재활대회'라는 명칭 아래 기념식을 개최하게 되었다. 그 뒤 1991년 정부는(장애자라는 호칭이 장애인으로 변경) 장애인복지법, 장애인고용촉진법을 제·개정하였는데, 장애인복지법 제14조의 규정에 "국가는 국민의 장애인에 대한 이해를 깊게 하고, 장애인의 재활의욕을 고취하기 위하여 장애인의 날과 장애인 주관을 설정한다."고 명시함으로써 매년 4월 20일 '장애인의 날'이 법정 기념일로 설정되었다.

그리고 1991년 '장애인의 날' 기념행사를 준비하기 위해 구성된 14개 민간 장애인 단체의 모임인 '장애인복지단체협의회' 회원 단체들이 '재활의 날' 전통을 잇기로 결의하여 1991년 4월 20일을 '제11회 장애인의 날'로 정하게 되었다. 해마다 4월 20일을 장애인의 날로 정하고 4월 20일부터 1주일 동안을 장애인 주간으로 정해 각 지방자치단체 및 장애인 단체별로 체육대회를 비롯한 다채로운 기념행사를 펼친다. 보건복지부가 주무 부처로 참여하고, 장애인복지단체협의회와 한국장애인개발원 등이 기념식과 축하 행사를 주관하며 또 전국 각지에서도 시·도별로 각각 장애인 체육대회와 장애인의 날 기념식을 열어 장애인의 화합과 친선을 도모한다.

UN의 '세계 장애인의 해' 지정과 더불어 88올림픽은 패럴림픽 개최로 이어지면서 장애인복지의 성장기를 맞이하는 계기가 되었다. 이러한 흐름에서 보면 1980년대는 우리나라 장애인복지의 성장기라 할만하다. 몇몇 장애인운동가들의 선동적이고 구호적인 시혜 차원의 패럴림픽 반대실천 운동이 벌어지기도 했지만, 장애인복지를 비롯한 대한민국의 위상을 보여주었고 실제로 문화적 의식 수준이 높아진 것은 부인할 수 없다.

    복지는 개개인의 행복한 삶이다. 국가와 사회의 목표는 이 개개인의 행복지수인 삶의 만족감 성장이고 이를 위한 복지체계와 복지 수준 향상을 도모해야 한다. 그중에서도 장애인을 비롯한 사회적 소외계층의 행복한 삶에 대한 주목과 실천이 우선되어야 한다.

019. 흘린 땀 만큼(장애인 휠체어 레이스)

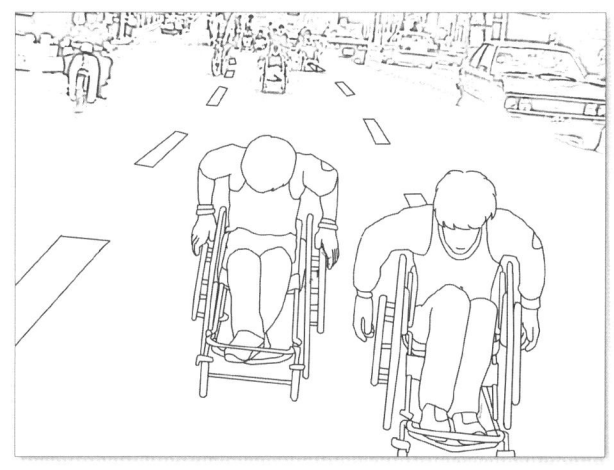

임진각에서 서울 여의도 63빌딩까지의 휠체어 레이스에서 선수들이 역주하고 있다.

장애는 아마도 적절하지 않은 용어일 수도 있다. 이처럼 여겨지는 세 가지 이유가 있다.

첫째, 점점 더 많은 사람이 장애가 있는 것으로 간주 되어 장애란 용어의 구별이 어려워지고 있다. 사실 이 용어는 다양한 종류의 대체학습방식, 신체·정서적 특성들, 노화의 결과, 그리고 특정 능력의 결여 등을 가진 사람들을 포함하기도 한다. 게다가 우리가 장애라는 것을 약점 혹은 무엇인가를 할 수 없는 것으로 여긴다면 아마도 대부분의 사람들이 살아가는 동안 언젠가 일종의 장애를 갖는다고 말하는 그러한 시대에 들어서고 있는지도 모른다.

이와 같이 장애의 정의를 넓게 생각해 보면 아주 흥미롭다. 장애(障碍)는 문자적 의미로 어떤 일에 대한 '무능력이나 능력의 부족'을 의미한다. 논리적으로 우리는 대부분의 일반인이 살고 있는 그 시대와 문화에서 기대되는 어떤 개념을 이해 못 하거나 기술을 습득할 수 없는 모든 사람을 장애의 범주 안에 포함 시켜야 할 것이다. 우리는 살아가는 데 필요한 작업들이 어려울 때가 있다. 길을 잘 기억하지 못하기도 하고 색맹이나 음치인 사람들도 있다. 그렇다고 우리가 모두 장애를 가진 사람들인가? 아니면 우리는 단지 정상인과 다른 능력이나 수행방식을 가진 사람들인가?

둘째 근거는 만약 우리가 좀 더 좁은 의미의 장애의 개념을 수용한다 할지라도 우리의 문명은 수많은 사람을 장애인으로 만드는 상황을 창출해 왔다는 것이다. 예를 들어, 난독증의 개념은 문자에 의존하지 않는 사회에서는 불필요한 개념이다. 현세대의 '컴퓨터 문맹'은 수많은 사람이 컴퓨터를 사용하기 때문에 검사, 평가, 진단이 필요한 장애의 하나로 여길 위험에 처해 있다. 이와 같은 문명에 의해 발생 된 장애의 수가 빠르게 증가하고 있고 이들을 '근본적인' 장애와 다르게 구분하는 것이 항상 쉬운 것만은 아니다.

셋째, 오늘날 사회의 모든 기능적 측면에서 장애인 모두를 포용하는 것이 사회의 책임이라고 많은 사람이 강하게 주장한다. 그렇다면 이상적으로는 사회는 장애 유무와 관계없이 구성원 모두에게 적절한 편의를 제공하고, 사회의 어떤 구성원도 접근할 수 없거나 참여하지 못하는 것이 없어야 할 것이다. 분명 모든 사람이 어느 시점에서는 어려움에 직면하게 되고 어려움을 다루는 것은 그 정도와 무관하게 정상적인 과정으로 다루어야 한다. 그러므로 이상적인 세계에서 장애라는 용어는 적절하지 않다.

장애인 역시 고유한 자신의 육체적 특징에 정신을 담아내는 하나의 완전한 존재이다. 따라서 장애를 결손으로만 받아들여 보완을 필요로 한다는 기능적인 주장을 거부한다. 장애인은 자신의 육체적 특징으로 환경과 상호작용하는 온전한 존재이다. 그들이 만들어 낸 지식과 인지구조는 미성숙하고 가치 없는 것이 아니라, 독특한 또 하나의 세계이다. 한 명의 사회구성원으로 함께 하는 존재이다.

020. 기술이냐 힘이냐(한 · 일 친선 휠체어 농구대회)

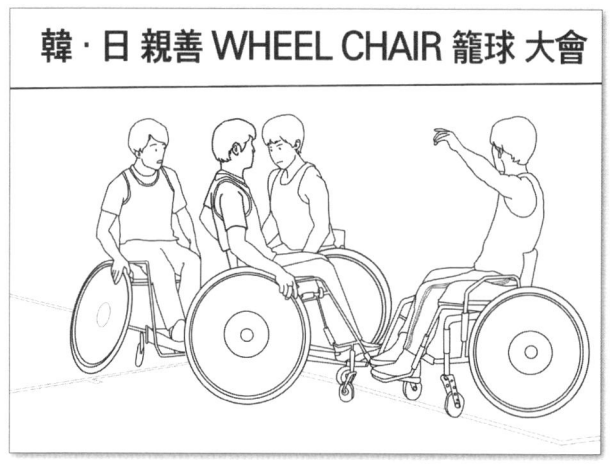

장애인 스포츠의 꽃이라 불리는 휠체어 농구는 1944년 영국의 병원에서 2차 대전 부상자들을 대상으로 처음 시작되었다.

이후 1946년 미국 휠체어 농구협회 결성으로 본격화되었고 1964년 동경 패럴림픽 때 정식 종목으로 채택되었다.

현재 유럽을 중심으로 전 세계 97개국이 휠체어 농구를 하고 있으며, 아시아 지역은 한국, 일본, 중국, 홍콩, 대만, 말레이시아, 필리핀, 태국, 싱가폴 등 2000년도 들어 늘어나는 추세다. 국내에서는 1984년 삼육재활원 휠체어 농구팀이 처음 창단되면서 시작되었고 1985년에는 재가(在家) 장애인 중심의 정립회관 휠체어 농구팀이 창단되었고, 그해 국내 최초의 휠체어 농구 경기가 정립회관에서 개최되었다. 국내 최초의 공식 경기는 1985년 제5회 전국장애인체육대회였고 이후 홀트, 충남, 대구 등의 팀이 창단되었다.

우리가 살고 있는 세상에서는 어떤 일이든지 일관성과 지속성을 유지하자면 무엇보다도 그때 그 사건을 위한 공감과 조력을 해주는 사람이 반드시 필요하다. 바로 그 역할을 해준 사람이 고 민은식님이다. 1984년 삼육재활원에서 우리나라 처음으로 휠체어 농구팀이 결성된 배경에는 1984년 6월 미국 뉴욕에서 개최된 제7회 패럴림픽 대회에 선수단 부단장으로 참가했던 고 민은식(당시 삼육재활원 부원장) 님의 장애인 스포츠에 대한 열정이 계기가 되었고, 그의 다양한 인맥이 뒤를 받쳐준 결과물 중에 하나라고 할 수 있다.

당시에 님이 부원장으로 재직하고 있던 삼육재활원은 우리나라 장애인 복지시설 중 최고로 평가받으며 의료, 교육, 직업, 체육, 기숙사, 사회심리까지 망라한 장애인 종합재활의 산실처럼 여겨지던 곳이었다. 필자는 1981년 5월 부속 특수학교 교생을 시작했고 이듬해 3월 1일 정교사로 발령받아 1993년 2월까지 사회복지법인 삼육재활원 식구로 지냈다. 가끔 민은식 님과 친구분들과 재활원 근처 단골집에서 함께 했던 술자리의 대화 내용은 주로 장애인복지의 허와 실에 관련된 것들이었다.

1984년 6월 뉴욕 패럴림픽에 함께 참가하면서 민은식님의 활약상에 존경을 더해가던 중 1987년 1월 동계 설악산 등반을 기뻐하시더니, 장애인 재활의 엉킨 실타래 풀기의 후폭풍과 겹친 피로로 2월 서거하셨다. 그 님은 한마디로 우리나라 장애인복지의 선각자이자 큰 별이었다.

021. 근사한 폼으로(전국 장애인 요트학교)

경기도 청평의 조양레저에서 실시한 제1회 전국 장애인요트학교는 국내 최초의 장애인 수상 활동 프로그램이다.

이 프로그램은 북한강 탐사내용을 TV에서 본 조양레저 본부장의 제안에서 비롯된 것으로 요트 타기와 패러세일링과 모터보트 타기, 그리고 흥겨운 악기연주와 바비큐 파티까지 즐겼던 축제의 한마당이었다. 당시 생소했던 레저 활동을 처음 접했고 이 축제 프로그램은 나중에 대기업 신입 직원 연수회에 접목되어 커다란 호응을 불러일으키기도 했다. 또 장애인 생활시설입소자들의 외출과 자원봉사자들과의 만남 및 체험 프로그램으로 자리 잡는 기회를 만들어 낼 수 있었다.

과거에 비해 장애에 대한 인식의 변화나 서비스가 획기적으로 발전한 것은 사실이지만 이제까지 장애인복지는 전반적으로 교육이나 직업에 관심이 집중되어왔기 때문에 장애인 여가활동에 관한 관심이나 지원은 미흡한 실정이며 레포츠에 대한 것은 더욱 미약하다.

장애인이 인간답게 살 권리확보 방안 중 여가활동으로서의 레포츠는 중요한 사항이다.

물론 장애인 여가활동조차도 활성화되지 못한 상황에서 장애인 레포츠를 거론한다는 것은 매우 조심스럽고 어려운 일이기는 하지만 굳이 여가활동과 분리할 필요는 없다. 장애인을 포함한 대다수의 사람은 교육, 일, 여가로 분절된 양상의 삶을 살아왔으나, 이제는 분절보다 이러한 요소들의 상호 보완을 통한 총체적인 삶의 방식을 선호하는 추세이기 때문이다.

지금은 코로나로 인해 사람 간의 대면 활동이 부쩍 줄었고 디지털 기술에 의존할 수밖에 없는 나날의 연속으로 인해 장애인과 그 가족을 비롯한 교육기관이나 복지시설이용자들의 어려움이 가중되고 있다. 이러한 상황에서는 더욱 여가활동이 중요해질 수밖에 없다. 그 여가활동으로의 삶살이 방법 중 하나가 자연 친화적 활동이다.

우리가 1982년부터 현재까지 장애인들과 함께한 자연 친화 활동들은 자신감, 대인관계, 긍정적 자아개념 등 사회적응을 돕기 위한 한 방안으로써 이루어지고 있다. 도시를 떠나 자연 속에서 이루어지는 다양한 활동은 장애인들이 행복한 생활을 체험하고 스스로 배운 방법을 활용할 수 있는 좋은 기회가 된다. 여가활동을 통해 소중한 경험을 하게 되고 그 경험 속에서 한 순간의 영감을 얻고 그것이 이들의 삶에 결정적인 영향을 줄 수 있기 때문이다.

022. 파라세일의 참맛(전국 장애인 요트학교)

장애인 요트학교에서 낙하산을 멘 장애아가 파라세일의 참맛을 느끼고 있다.

1986년 KBS TV의 기획제작실 소속 정훈 PD가 제작한 다큐멘터리 「장애인 도심정복훈련-이제는 파란불이다」가 방영되고 나서 사회적 반향이 뜨거웠다. 재밌는 얘기지만 강남에 있는 술집 아가씨도 알아보는 통에 계면쩍어 한 적도 있었고, 교육대학, 중앙공무원 교육원, 삼성, 현대와 같은 대기업의 신입 직원 연수 등에서 강연도 하였다.

무엇보다도 선 기능이었던 것은 학교 내에 국한된 특수교육을 학교 밖으로 끌어냈다는 세평과 함께 수많은 자원봉사자가 모여들었고 그들의 번득이는 아이디어와 열정적인 참여로 다양한 프로그램을 전개할 수 있었다는 점이다. 한마디로 장애인복지형상회(구: 전국장애인자원봉사자연합회)의 황금기가 열렸다고 해도 과언이 아니다. 특히 단국대, 이화여대, 강남대학 등에서 특수교육을 전공하는 대학생들은 물론 그들의 소개로 학과는 달라도 개방대(현 산업대), 경희대, 연대, 고대, 숙명여대 등 서울시 소재 13개 대학 학생들과 성심여대, 상지대, 강원대 등 지방에 있는 대학생들도 참여했다. 이들은 올해(2020) 작고한 박순국 당시 재활협회 사무국장의 도움으로 보라매 공원에 위치한 남부장애인복지관에 사무실을 설치하고(1989년 동작구 신대방동으로 사무실 이전) 장애인과 함께하는 사회구현을 목적으로 캠프 활동, 등반 활동, 사회적응 활동, 전국장애인체전, 장애인 보이스카우트 및 해양소년단 활동, 도심지 적응 활동, 자연 탐사 활동, 스키캠프, 장애인 보이스카우트 야영대회, 장애인 야영장 건설(45,000평. 경기도 현리), 장애인 전용지도 제작 등 다양한 활동에 한마음 한뜻으로 최선을 다했다.

장애인 대상 자원 활동은 장애인에 대한 바른 이해와 긍정적인 태도를 견지하고, 적극적인 만남의 경험을 통해 활동가와 수혜자 모두에게 유익한 효과를 거둘 수 있어야 한다. 아울러 장애인에게 불리한 사회적 환경과 제도를 개선하는 데 일정한 역할을 담당할 수 있고, 직접적으로 장애인을 위한 서비스에 참여함으로써 장애인의 재활과 복지에 여러 가지 도움을 줄 수 있어야 한다.

    그러나 1980년대 한국인의 전통적인 장애인 관은 객관적으로는 멸시와 조롱의 대상이었고 주관적으로는 열등한 존재로 보는 관점이 강했기에 자선적이고 시혜적인 측면에서 장애인을 불쌍하고 무능력한 사람으로 보기도 하여, 그 처우로 가진 자가 못 가진 자에게 베풀어주는 권위주의적 특성을 보였다. 이 외에도 장애인은 빈곤, 범죄 등을 일으킬 소지가 있으므로, 장애인의 인권에 제한을 가하는 측면이 있더라도 사회적 시책을 시행할 필요가 있다는 관점도 존재했다. 이런 관행의 잔재가 여전히 남아 있는 현실에서 봉사 활동은 봉사자와 장애인 모두에게 특별한 혜택을 주고받는 일이 되어야 한다.

023. 신나게 날자(전국 장애인 요트학교)

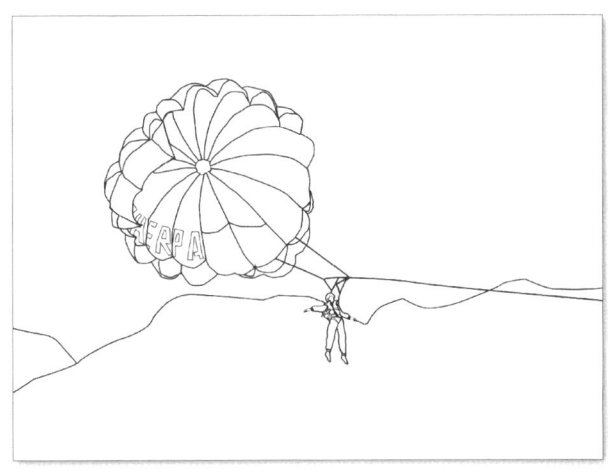

수상 활동은 장애인들에게 신체적·정서적으로 더할 나위 없이
좋은 교육 활동의 일부이다.

고대로부터 사람들은 치료적 목적을 위해 물을 사용하는 것이 손쉽고도 효과적인 방법이라는 것을 잘 알고 있었다. 타박상을 입었을 때 냉찜질을 한다든지 또는 근 경직이 있을 때 가정에서 손쉽게 온수욕(warm bath)을 하는 것 등이 그것이다. 이렇게 물이 사람들과 밀접한 관계를 가질 수 있었던 것은 사람이 있는 곳에는 반드시 물이 있었기 때문이다. 바꾸어 말하

면 물은 물리치료에서 사용되고 있는 여러 물리적 요소 중 가장 일반적이며 다양하다.

장애인 수상 활동의 가장 중요한 목표는 물리적 치료뿐 아니라 개개인의 사기 앙양과 관련된 것이다. 많은 장애인이 일반인들의 활동에 참가하는 기회를 간절히 바라기는 하나 가능성이 많지 않다. 하반신 장애인이 물속에서는 그의 신체조건에도 불구하고 일반인들과 비슷하게 기술적으로 손색없이 행할 수 있는 많은 기능이 있음을 알았을 때의 느낌을 상상하기는 그리 어렵지 않다.

일반적으로 장애인은 지상에서는 허약한 근육 때문에 많은 운동을 하기가 불가능하지만, 물속에서는 보다 많은 운동이 가능하게 된다. 평소에 약해져 있던 근육이 물속에서의 체중감소 덕분에 적은 노력으로 일을 수행할 수 있게 되는 것이다. 어느 방향으로든 움직이려고 하는 신체의 성질 때문에 마비된 주요 근육 대신에 보조 근육의 기능을 자주 발휘할 수 있게 해주는 장점도 있다. 또 장애인이 적극적으로 참여하면 물의 부드러운 마사지 효과를 얻을 수 있고 손상된 신체 부위의 피의 순환을 증가시키는 효과도 얻게 된다. 물속에서 움직이는 기술을 익힘으로써 강해지고 발달 된 운동기능도 가질 수 있다. 이러한 수상 활동을 통하여 습득되는 신경 근육의 기능 향상은 일상생활 활동의 향상을 가져오고, 그 결과 삶의 질이 높아진다. 잘 계획된 수중 프로그램은 위와 같은 긍정적 효과를 이끌어 낼 수 있으며 개개 장애인의 재활 의지를 북돋워 줄 수 있다.

또 수상 활동은 신체적·정서적 긴장을 풀어줄 뿐 아니라, 휴식을 취할 수 있는 레크리에이션 효과도 가져다준다. 일반인들에게 오락의 기회가 필요하다면, 휠체어 위나 완전한 암흑 속에 살도록 운명 지어진 사람들에게는 그 기회가 두 배로 필요할 것이다. 물에서는 레크리에이션 기회를 제공하는 프로그램 실천이 용이하다. 또 육지에서 하는 모든 게임은 약간만 변형시킨다면 물속에서도 가능하며 물속에서만 할 수 있는 게임 묘기들과 함께 참가자들에게 즐거운 시간과 유쾌한 추억을 제공할 것이다. 이러한 수상 활동을 통하여 물에 대한 공포 혹은 물과 관련된 불안을 극복할 수 있으며 이를 통해 얻은 자신감으로 다른 것에 관한 두려움을 극복할 수도 있다.

수상 활동의 필요성과 더불어 무엇보다 중요한 것은 장애인들이 물의 즐거움을 맛볼 수 있도록 하는 배려가 필요하다.

024. 손으로 노젓기(전국 장애인 요트학교)

요트는 바람이 멈추면 같이 멈추어 있을 수밖에 없다.

1980년대 후반 무렵은 우리나라에서 요트나 모터보트, 제트스키를 비롯한 수상 활동을 즐길만한 사람이 흔치 않았던 시기다.

그러한 시기에 우리가 끼어들 수 있었던 것은 우연이 아니었다. 우리를 초청해 일체의 숙식과 레저 장비는 물론 운행전문가와 안전요원까지 제공해 준 조양레저 측의 운영방침 덕분이었다. 덕분에 장애인과 자원활동가들이 난생처음 요트와 모터보트, 패러세일링 등의 수상 체험을 할 수 있었다.

현재 장애인 교육이 머물고 있는 인지 발달 위주의 지식 전달, 학교 교실 중심 수업, 취업을 위한 단순 기술습득 범주를 넘어서 삶의 체험에서 스스로 우러난 앎을 지향할 수 있도록 해야 한다. 교육과정도 교수 학습 자료나 방법이 정형화되고 획일적인 틀에서 벗어나 자유로움이 내재 된 것일수록 바람직하다. 이러한 변화는 즐거움과 관심을 통해 교육의 의미를 학습자 스스로 찾아낼 수 있게 함으로써 교육 수혜자 각 개인에게 의미심장한 배움의 기회 확대라는, 교육이 줄 수 있는 최상의 선물이 될 것이다. 그 최상의 선물을 줄 수 있는 종합적인 교육의 장이 바로 자연이다.

요트는 바람이 멈추면 같이 멈출 수밖에 없다. 이럴 때는 손으로 노젓기와 같은 행동은 하지 말고 바람이 불 때까지 기다려야 한다. 여기서 기다림을 배운다. 자연 속에서 스스로 배우는 것이다.

획일적인 틀에서 벗어난 자연 속에서의 자율적인 배움, 곧 자기 주도적 학습이 실천될 수 있는 유일한 길 또한 자연과 함께 배우는 활동이다. 인지 발달 위주의 학습을 넘어서서 장애인들에게 자기 주도적 학습을 체험하게 함으로써 자아 존중감을 신장시킬 수 있는 기회와 실천의 장이 되고, 모든 대상과 자신이 서로 조화되는 가치 확인도 자연 친화적 활동을 통해서 가능하다.

025. 선수보다 애가 타는 이는?(전국 장애인 체육대회)

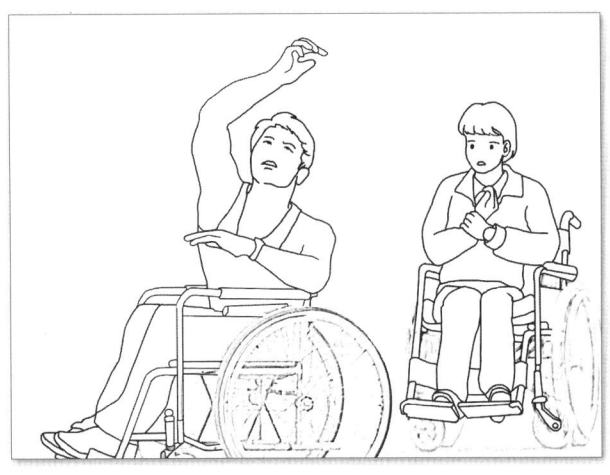

전국 장애인 체육대회의 한 장면. 장애인체육은 1981년 유엔이 제정한 세계장애인의 해를 맞이하여 전국장애인체육대회가 열리며 발전의 전기를 맞이하게 되었다.

당시의 장애 영역은 지체장애, 정신지체, 시각장애, 청각장애의 네 가지 유형이 대표적이었다.

1981년 10월에 치러진 제1회 전국 장애인 체육대회는 관객 하나 없는 그야말로 우리만의 동네잔치라 할만했고 이어 치러진 2회 대회도 비슷한 수준이었다.

흙먼지 날리는 여의도 고수부지에서 개회식 장면 중에 하나. 당시에는 군대식 열병 의식이 장애인 체전에도 예외 없이 적용되어 참으로 웃지 못할 광경들이 연출되었다. 시각, 청각, 지체, 지적의 장애 선수들이 앞뒤좌우 열을 맞추어 걸으면서 단상 아래 일정한 지점에 다다르면 맨 선두 지휘자의 "우로 봐"라는 구령에 따라 단상 위 귀빈을 바라보며 행진을 하는 요식행위다.

시각장애인이 볼 수가 있나, 본들 누군지 알 수도 없고, 왼쪽 오른쪽 방향 정위 인식이나 신체 협응력이 어려운 지적장애인이 좌우를 어떻게 알고 행동할 것이며, 듣기의 문제를 지닌 청각장애인에게(수화통역은 물론 없었다) 들릴 리가 만무했고, 목발과 수동휠체어 등에 의지해 제 한 몸 가누기조차 힘든 지체장애인이 우로 보며 걷기란 불가능한 행동임에도 불구하고 사전예행 연습까지 수차례나 반복했었다. 그리고 애국가 제창 후 이어진 지루한 개회사와 연이어지는 축사와 인사말은 연단 아래 서 있는 장애인 선수들을 몹시 피곤하게 했다. 보다 못해 장애인 선수들을 그 자리에 앉게 했던 필자는 개회식이 끝난 후 본부 임원들에게 핀잔과 함께 욕을 얻어먹기도 해 오래 살겠다는 자조적 심정이 되기도 했었다.

삼육재활학교에서 임시교사로 재직 중이던 필자와 장형회의 전국체전 참가는 1981년 시작되었다. 2000년 인천에서 개최된 제20회 전국장애인체육대회까지 개·폐회식과 선수 숙소 관리를 주로 하였으며, 후에 경기 진행 일부를 담당하기도 했다. 장애인복지체육회 사람들이 전국장애인체전의 개·폐회식과 선수촌 관리 및 문화행사의 자원 활동에서도 장형회의 역할이 지대했다는 사실을 인정할 정도였다. 당시의 장애인 관련 자원봉사 활동에서 장형회 만큼 자체 교육을 통한 올바른 장애 이해와 책임성 있게 활동하는 자원봉사단체는 찾아보기 힘듦을 반증해 주는 것이라고 해도 과언이 아니다.

특히 개·폐회식과 문화행사에 따른 자원 활동은 거의 장형회의 몫이었고 대회운영 본부 측과 엇갈린 운영을 놓고 설왕설래도 마다하지 않았을 정도로 자기 주도적이었다. 자원봉사자 인원동원 및 교육력, 임무 수행력, 뒷마무리까지 유감없는 능력을 발휘할 만큼 열정적이었다. 결과 보고서는 물론 선수단 퇴촌 후 뒷마무리까지 말끔하게 정리하고 맨 마지막에 선수촌을 나섰다.

026. 더 멀리 멀리(전국 장애인 체육대회)

전국장애인체육대회에서 한 선수의 곤봉 던지기 연습 장면이다.

 곧이어 대회에 출전하기 위해 맹연습하는 뇌병변장애인의 사력을 다하는 모습에서 억눌려온 존재감을 찾고자 하는 왕성한 의욕을 발견한다. 그 옆에서 주먹을 불끈 쥐고 응원을 보내는 이도 똑같은 심정이리라.
 일반적으로 뇌병변장애인은 운동과 자세에 제약을 많이 받고 동일장애 유형의 절반 이상이 지적인 영역에서도 어려움을 동반하는 경우가 많으며 대부분 중증의 장애인이 많다. 과거 눈으로 보이는 대표적인 장애로 인식되어 천형(하늘이 내린 형벌)이라고 불리기도 했었다. 그들의 대부분은 뇌성마비와 질병, 사고 또는 뇌졸중(중풍으로 알려져 있는 뇌졸중은 뇌혈관의 일부가 손상되어 영양이나 산소공급을 받지 못하는 혈관 장애이다)등 뇌의 기질적 이상으로 일상생활을 영위하는데 신체적, 정신적으로 어려움을 겪는다.

이 장애는 여러 가지 원인이 중복되어 나타나기 때문에 원인을 전혀 추정할 수 없는 경우가 많다. 이들의 특징으로 뇌졸중은 편마비, 기억력장애, 언어장애, 시각장애, 감각장애 등 다양한 증상을 보이며, 상태에 따라 미성숙한 뇌에 의한 지적장애, 언어장애, 의사소통장애, 시청각장애, 인지기능장애, 학습장애, 행동장애, 간질 등의 증상이 동반되는 경우가 많다. 또한 뇌병변장애의 종류는 뇌졸중과 뇌성마비의 두 가지로 구분하고 발병 또는 외상 이후 6개월 동안 지속적인 치료를 받아야 하는 경우 장애 판정을 받게 되며, 식물인간이나 의식 불명인 경우에도 6개월 이후에 장애 판정을 받을 수 있다.

규정에 따라 승부를 가려야 하는 뇌병변장애인의 시합에서 장애가 가장 심한 선수들의 종목 중에 대표적인 것이 보치아(boccia)라는 경기이다. 표적구에 경기구를 가깝게 놓이게 하는 일종의 투척경기로 고대 그리스의 공 던지기 경기에서 유래한 것으로 여겨진다. 국내에서는 1987년 제7회 전국

장애인체육대회에서 처음으로 보치아 경기가 치러졌다. 장형회원 중에는 보치아 보급 초창기부터 중흥기를 여는 핵심 멤버가 여러 명 있다.

전국장애인체육대회는 1회~4회(1981년~1984년)까지는 한국장애인재활협회가 주최했지만, 1988년 서울이 올림픽 개최지로 선정됨에 따라 서울장애인올림픽대회 조직위원회가 제5회 대회부터 주최하게 되었다.

제5회 대회는 경기도 성남시에서 개최되었는데, 필자의 경험담 하나를 소개한다. 당시 경기중 정확히 던지기라는 종목이 있었는데 콩이나 팥을 든 주머니를 1점부터 10점까지 표시된 동심원 표적 판에 던져 승자를 겨루는 경기였다. 문제는 표적 판 설치와 참가선수들의 집합까지 완료되고 심판의 시작선언이 이루어졌음에도 경기가 진행되지 못하고 있는 상황이 벌어졌다. 경기구인 주머니가 없었던 거다.

마침 개회식을 마친 필자가 그 광경을 목격하고 부랴부랴 경기본부를 찾아가 주머니 지급을 요청했지만, 경기본부에서도 잘 모르겠다는 답만 돌아왔다. 다행히 필자는 그동안의 체전 참가 경험을 통해 정확히 던지기 게임 요령과 장비에 대한 약간의 지식을 갖고 있었고 경기를 진행할 수 있었다. 나중에 안일이지만 당시의 경기운영 자원봉사자들이 오자미처럼 생긴 주머니가 경기 도구인 줄 모르고 제기차기 대용으로 놀고 있었다. 그만큼 당시의 전국 장애인 체육대회는 준비부터, 시설확보, 운영 요원 및 자원봉사자 교육, 지원 등 모든 면에서 분업이나 전문성이 부족한 채 진행되었다.

027. 아이고 내 휠체어!(전국 장애인 체육대회)

전국 장애인 체육대회에 참가한 선수가 사력을 다해 창을 던지고 있다.

교사라는 긍지로 어느덧 70세를 2년 정도 남긴 세월을 살면서 떠든 말 중 하나가 '존재'라는 용어다. 사람은 누구나 공평하게 '나'라는 '특수한 환경'을 갖고 세상에 태어나 희망을 품고 산다. 하지만, 우리는 '나'를 먼저 이해하고 배울 기회를 얻지 못한 채, 세상이 요구하는 보편적인 이념과 가치를 학습하며 살아가기 바쁘다. 그 과정에서 '나'라는 특수한 환경에 대해 이해할 기회보다는 보편적 가치 기준에서 나를 측정하고 평가하는 것에 익숙해 있다. 그 과정에서 '다름'은 가치가 아닌 '불편함'으로 인식되어 버리기도 한다.

    교사 또한 마찬가지다. 그래서 다름의 가치, 개별적 존재의 귀함을 이해하고 수용해 본 경험이 없는 이들이 사회의 가치를 이끌고, 또 다른 대상을 보편적 가치에 길들이는 교육을 하게 되기도 한다. 교사는 자신의 특수성을 이해하고 수용할 줄 알아야 타인의 특수성을 개별적 가치로 이해하고 수용할 수 있다. 그래야 학습자를 가르치는 대상이 아닌 특수한 개별가치를 지닌 존재로 이해하고 수용하는 과정을 생생하게 경험할 수 있을 것이다. 학습자는 이를 통해 교사가 자기 자신을 이해하고 수용하는 태도를 모델링 삼아 자기 이해와 수용의 태도 또한 학습할 수 있다. 사회 구성원 모두 '나'라는 특수한 환경을 각자의 개별성으로 이해하고 수용하며, 존중받는 경험을 한다면, 지금 우리가 규정하고 있는 '장애인'의 개념 자체가 변화될 수 있다.

    지금까지 우리는 '장애인'을 보편성에서 벗어난 어떤 기능성이나 적응상의 결함, 손상, 지체 등의 역기능적 특수성을 지닌 것으로 이해해왔다. 그러나 '자기 이해와 수용'의 과정을 통해 우리는 '존재의 개별성이 오히려 보편적'이라는 가치를 경험하고 체득하게 될 것이다. 즉 '장애'란 우리 모두의 '특수성'을 지칭할 뿐, 정상과 비정상을 구분 짓는 용어로 사용되지는 않을 것이다. 이런 맥락에서 특수교육이 특별한 교육이라는 허울을 과감히 벗어

낼 때, 일반교육과 상호호혜적으로 성장할 수 있는 당위성을 확보할 수 있다.

또 일반교육에서부터 이 사회구성원의 개별존재를 각 개인의 특수성으로 이해하고 수용할 수 있는 교육이 실천된다면, 특수교육이 궁극적인 목표로 삼고 있는 '자신의 개별적 존재가치를 누리며 자발적 민주시민으로서의 향상된 삶을 누릴 수 있게' 하는 기반인 사회적 인식변화를 이룰 수 있다. 그것은 결국 '인간은 누구나 특별하고 특수한 존재다.'라는 것이 이 사회를 이루는 구성원들의 보편적 가치가 되는 것을 의미하며, 지금까지 우리가 '그들의 것'으로 구분하고 있는 '특수성'이 '우리의 보편성'이 되는 것을 의미하게 되는 것이기 때문이다. 이를 통해 비로소 우리라는 공동체 안에서 서로의 존재를 이해하며 나름의 행복을 추구하는 삶살이가 될 것이다.

028. 나들이

삼육재활학교의 동해안 수학여행 중 한 장면이다.

사진에서 보이듯 해변이지만 전방 지역이라 철조망이 흔했다. 해수욕을 즐기는 사람에게 모래밭은 즐거움을 보태주는 선 기능으로 작용하지만 휠체어나 목발 등 보장구를 이용해야만 하는 이들에게는 역기능으로 작용한다. 모래밭이 곧 접근을 금지하는 철조망인 셈이다. 많은 지체장애인이 바다를 체험하고 싶어도 접근의 어려움 때문에 온몸으로 느끼지 못하고 멀리

서 바라보는 것으로 만족할 수밖에 없는 것이다. 이러한 이유로 장애인들은 탁 트이고 변화무쌍한 자연 속에서 몸과 마음에 체화된 경험을 체득할 수 있는 기회가 거의 없다시피 한 현실이다. 특히 중도·중복장애인에게는 더 말할 나위가 없다.

출입 가능 지역과 출입금지 지역을 가르는 군사적 목적의 철조망은 사회에서는 환경과 사회구성원 인식의 기준이 되어 정상과 비정상, 내 편과 네 편을 가르는 경계점이 되기도 한다. 이는 사회의 한 구성원인 장애인을 보는 시각을 단순화시켜 장애와 비장애로 편을 가르는 긴장점이 되기도 한다.

이러한 편 가르기에 대표적인 잣대가 이분법이다. 이분법적 사고는 평가의 중간 영역을 무시하여 극단적 사고를 유발하고 부정적인 신념을 이끌어 내 부정적 자아개념이나 낮은 자존감을 형성시키게 한다. 입장 바꾸어 보기의 기본인 공감 능력이 현저히 떨어지게 되는 것이다.

이렇게 단순한 시각으로 복잡다단한 장애인 문제를 단순하게 재단하다 보니 장애 당사자와의 입장 바꾸어 보기는 고사하고 다른 편 한구석으로 몰아 버리기 일쑤다. 이분법적 시각으로 분리된 세계에 살고 있는 장애인의 아픔은 자신뿐 아니라, 형제자매와 부모를 비롯한 가족 모두의 아픔이다. 최근 국가와 사회가 애를 써 법과 제도가 상당히 개선되었지만, 의식 전환의 행보는 여전히 절실한 현실이다.

029. 도중하차는 절대 안 돼(적설기 지리산 등반기)

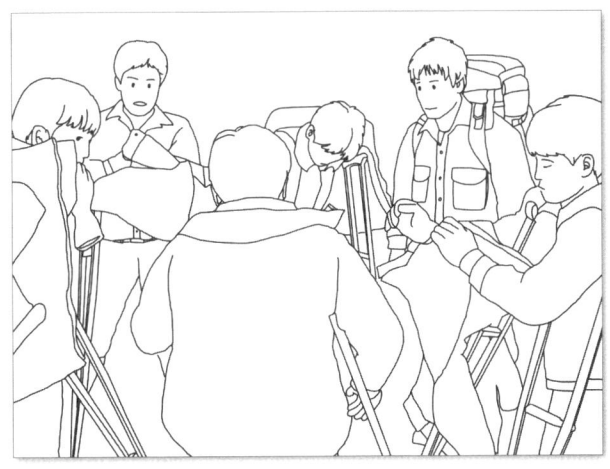

적설기 지리산 등반을 위해 장비를 착용 중이다. 장애 대원 6명 모두 핸드워킹으로 지리산 천왕봉을 오르고 내린 지독한 아이들이었다.

이번 등반은 장형회의 정기동계 등반의 일환이지만 그동안 장형회가 실시했던 도심지 적응훈련확장 방안의 하나로 1986년 하반기부터 시작한 장애인 전용지도 제작과정의 촬영을 겸하고 있다. 그러니까 장형회는 행동하고 방송국은 기록하는 각자의 역할이 주어져 있는 셈이다.「장애인 도심정복훈련-이제는 파란불이다」와「저기 인수봉이 있다」에 이어 3년째 함께하는 이는 KBS-TV 기획제작실 소속의 정훈 PD로 「이제는 혼자 가는가」라는 프로그램이다.

돌이켜보면 당시의 방송사 여건상 한 사람의 PD가 3년간 연이어 3개의 휴먼 다큐멘터리를 제작하기란 결코 쉽지 않은 일이었을 텐데도 불구하고, 그 기록이 공식적으로 남아 있을 수 있었던 것은 장애인과의 동행인을 자처한 한 연출자의 끈질긴 노력이 있었음을 잊을 수 없다. 사람 사는 모습에 항상 감동하고 자주 찡한 느낌을 받으며, 타인의 아픔에 자기 자신이 그 아픔을 이기지 못해 하는 그러면서도 여러 사람과 농담할 때는 쾌활하다가도 프로그램 편집할 때는 냉정하기 이를 데 없는 사람. 그러나 보편적 일관성을 고수할 줄 아는 사람으로서의 방송쟁이가 바로 정훈이다. 필자의 사견이지만 솔직히 우리나라 지상파 방송역사상 대 국민 장애인 인식 전환에 일등공신은 분명코 정훈 PD다. 새삼 그에게 진심 어린 감사와 고마움을 전한다.

자신에게는 작품이 남았지만, 장애인들에게는 여전히 장애가 남아 있다고 토로하며 10여 센티의 문턱이 서러워 세상을 버리는 일이 없기를 바라는 마음으로, 장애는 개인과 가정만의 문제가 아닌 국가와 사회의 문제라고 목소리를 높이는 그는 장형회의 영원한 고문이다.

그와 함께 작업했던 「몸이 불편한 모든 이를 위한 함께 사는 서울」이라는 표제의 장애인 지도(시각장애인 촉각 지도와 지체·청각장애인지도)는 약 40여 년간 이어진 장형회 활동의 대표적인 결과물로 남산에 있는 타임캡

슐에 소장되었으며 그 원본은 장형회 사무실(당시는 서울 성북구에 있었고 현재는 서울시 마포구)에 보관하고 있다.

1년 반에 걸친 연습과 설악산에서의 최종 마무리 훈련으로 대오를 정비한 우리는 지리산 천왕봉을 향해 출발했다. 이 등반에 참가한 장애대원은 총 6명으로 초등 5학년부터 고3까지의 아이들이다. 모두 하반신마비 지체장애(소아마비)로 등반 전 구간을 손 걸음(hand working)으로 산의 오름과 내림을 해야 한다. 그만큼 그들의 손 걸음을 지원하고 보조할 인원과 장비는 물론 운송, 안전, 비상식량, 운행조절 등 많은 준비와 훈련된 팀워크가 필요하다.

특히, 안전을 우선시하는 추진방침과 비상시 대안 결정에 신속하고 과감한 결정을 할 수 있는 리더의 역할이 매우 중요하다. 다행히 1986년부터 장형회와 인연을 맺은 제주 적십자 산악구조대장의 풍부한 등산 경험과 지리산 곳곳을 꿰고 있는 오랜 산꾼인 덕유산장 주인의 합류로 안전함을 더했다. 거기에다 장형회의 기본 산쟁이들 8명과 마차푸차레 산악회 청년부원 9명, 그리고 진주 경상대학 산악부 4명으로 구성된 13명의 지원조를 합쳐 총 28명으로 장애 대원 1인당 4~5명의 지원 요원이 한팀으로 구성되었다.

또한 등산 활동 중 특이한 사항은 장애의 유형이나 정도에 상관없이 누구나 참여할 수 있으며 그에 따른 훈련된 자원활동자와 장애인 등산전문가를 다수보유하고 있다는 것이다. 그리고 장애인등산을 초기의 지체장애인 중심의 극기 활동 차원에서 벗어나 지적장애나 자폐성 장애와 같은 발달장애인과 주의력결핍과잉행동장애인 등으로 확대하여 누구나 즐기는 레포츠 중심으로 변화시키는 데 주력하고 있다. 그 예로 1986년도 적설기 한라산 등산은 1년여 정도의 예비산행을 통해 장애 상태에 따른 보행법 및 장비 개발은 물론 해낼 수 있다는 장애 본인의 의지와 팀워크를 다진 결과물이었다.

030. 다 함께 즐겁게(적설기 지리산 등반기)

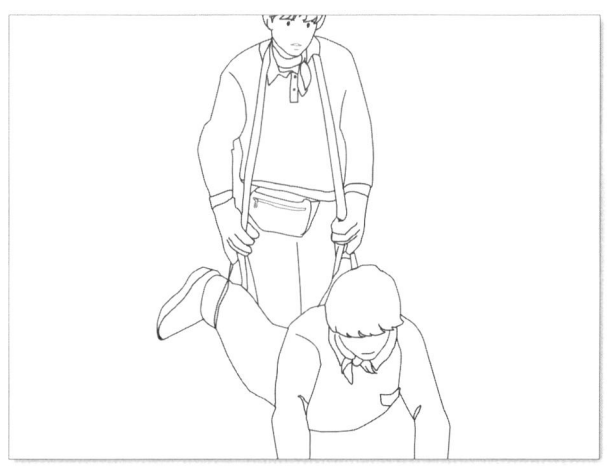

본격 등반 전 몸풀기(스트레칭)를 끝낸 장애 대원이 손걸음으로 눈 쌓인 지리산을 등반하고 있다.

두 팔로 몸무게를 지지하고 중심을 이동시켜 자세를 유지하며 호흡을 가다듬고 울퉁불퉁한 산길을 오르고 내리는 동작을 계속하기란 결코 쉬운 일이 아니다.

일반적으로 등산은 목표 달성을 통한 자기 성취와 자연의 아름다운 풍광을 즐기는 호사가 곁들여지는 데 비해 손 걸음으로 산행을 해야 하는 지체장애인에게는 오로지 오르고 내리는 것만으로도 버거울 수 있을 것으로 생각될 수 있다.

그러나 오랜 등반 경험에 의하면 그들도 주변 풍경에 감탄하고 경이로움에 대한 탄성을 내지르는 경우가 흔했다. 한마디로 속도가 느린 것뿐이고 즐길 건 다 즐긴다는 것이다. 다만 그와 함께하는 이들이 얼마나 기다려주고 호응해주느냐가 관건이다.

일 예로 10대 후반부터 거의 10년 이상을 함께 한 20대 후반의 중증 자폐성 장애인을 들 수 있다. 그와 함께 산행을 하다 보면 자기의 감성을 그대로 들어내는데 스스럼이 없는 모습이 쉽게 목격된다. 자신이 선택한 장소에 양다리 포개고 앉아 그만의 멋진 미소와 콧노래와 고유한 손동작을 반복해가며 자연을 벗하는 모습으로 동행한 우리 모두에게 주변 풍광보다 더 찐한 아름다움을 선사하는 경우가 종종 있었다.

031. 아이고! 힘들어(적설기 지리산 등반기)

적설기 지리산 등반 중인 소아마비 장애인과 보조 대원.

 가파른 암릉 길이라 다리를 들어주고 허리의 힘을 받쳐주는 보조원과 장애 당사자의 안전을 위한 착지점 확보가 안 되는 상황이라 손 걸음으로 올라야 하는 아이의 안간힘이 불안감과 함께 긴장감을 더한다.
 이 아이가 넘어야 할 것들은 날카로운 벼랑과 얼어붙은 골짜기, 눈 쌓인 능선과 강한 바람과 매서운 추위가 버티고 있는 겨울 산이다. 하나 하나 그

조건을 타개해 나가기 위해서는 엄청난 노력이 필요하다. 노력은 행동이며 이 행동의 근본은 바로 마음이다. 그래서 세상사는 마음먹기 달렸다는 지혜로운 말이 생겼나 보다.

세상을 자신의 마음 먹은 대로 잘 살아가려면 나 자신을 잘 다스리고 조절하는 자기조절능력과 내 주변 사람들과 좋은 관계를 맺는 대인관계 능력과 내가 하는 세상일을 잘 다스리고 최선을 다하는 자기 동기력이 필요하다. 이것은 장애인도 예외가 아니지만, 장애인의 경우 공동체 안에서 좋은 대인관계를 맺는 것이 상당히 어렵다.

선천적이든, 후천적이든 장애인으로서 산다는 것은 당사자들이 아닌 사람들은 상상도 할 수 없는 고통과 어려움을 지니고 있다. 그 고통은 내 안의 것과 밖으로부터 생성되는 것. 즉 내현과 외현 두 가지의 복합체이다. 그들은 엄청난 노력으로 자기 자신으로부터 생겨난 고통을 극복하려고 애쓰고 있는데 그들을 소외시키고 이해하려 들지 않는 일반인들도 일부이지만 존재하고 있다. 이로 인해 장애인은 관계 맺기에 대단한 어려움을 느낀다.

한겨울 한라산에서 지리산, 설악산, 덕유산, 심지어 인수봉의 거대한 암벽에 매달려서도 재활을 외쳤고, 한여름 북한강, 남한강, 금강 줄기를 벗겨진 손바닥의 통증과 햇볕에 타 버린 살갗의 따가움도 참고 이를 악물며 저어 내려온 뱃길의 악조건 속에서도 우린 다시 태어나려 했다. 사진의 아이처럼 높은 겨울 산을 춥다 하며 힘들게 오르고 난 후에라야 주목을 받고 친구가 생기는 '장애 극복'의 대상이 아닌, 함께 웃고 우는 소중한 사람으로서 관계를 맺고 싶어 하는 것이다. 장애와 비장애가 아니라 우리 모두 그냥 친구일 뿐이다.

우리가 사는 이 세상에는 장애인보다 일반인들이 훨씬 더 많다. 그래서 사회적, 물리적, 환경적인 요소가 일반인 중심으로 되어있다. 물론 다수를 위해 소수가 적응하며 살 수밖에 없다는 것도 잘 안다. 그러나 이것은 어떤 이론적인 것이 아니라 그 무엇과도 바꿀 수 없는 존귀한 생명에 관한 지극히 현실적인 문제다.

장애인들. 그들도 분명 사람이다. 소수일 망정 당연히 인간으로의 권리를 찾아야 하고 사회의 한 구성원으로서 성장할 기회가 주어져야 한다. 더군다나 자신의 생을 위해 눈물 나는 노력과 그것을 감내해 낼 수 있는 정신력을 지닌 이들에겐 재론의 여지가 없다.

032. 좀 천천히 가자(지리산 적설기 등반기)

적설기 지리산 등반에서 활동가와 소아마비 등반대원이 선두 조가 러셀한 길을 오르는 중이다.

지난 몇 년간의 등산 경험을 바탕으로 이번 지리산행에는 특수 장비를 몇 가지 더 보태어서 생각보다 짐이 많았다. 특이한 장비는 목발 끝에 쓰이는 고무, 재질이 연하고 질긴 고무관에 아이젠 역할을 하는 3개의 강철 핀을 박았다. 목발을 사용할 수 없는 지점에서는 거의 손바닥으로 기어가야 하는데 결국 지치게 되어 자연히 배를 사용해서 갈 수밖에 없다. 그때를 대비해서 장애인 대원의 가슴 아래부터 사타구니 위쪽까지 특수하게 제작된 방호구를 부착도록 하였다. 결과적으로 이 두 가지의 특수 장비는 대단한 효과를 발휘했다.

장애인을 비롯한 모든 사람의 적설기 등반에서 러셀(적설의 연등에서 체력소모를 줄이기 위해 눈을 다져 길을 내는 역할로 맨 앞사람이 낸 발자국을 뒷사람도 밟으며 따라가는 형태)은 주요한 등산 기술 중에 하나다. 장애인 적설기 등반에서는 보조자의 보폭을 장애인의 보폭에 맞게 조절해야 한다. 특히 손 걸음 등반자의 경우 보폭과 피로 회복을 위한 쉼터 확보, 휴식 중 목과 어깨, 팔꿈치와 팔목, 손바닥과 손의 상태 확인 및 스트레칭, 체온유지를 위한 매트리스, 따뜻한 물과 간식 등 챙겨야 할 물품과 상황대처 내용이 많다.

장애인 합동 등반에서 얻을 수 있는 장점은 여러 가지가 있으나 그중에서도 지체장애인을 비롯한 청각, 시각 등 감각장애인은 물론 지적장애인이나 자폐성장애인 등 발달장애인과 주의력결핍과잉행동장애아의 교육과 훈련 및 여가활동 프로그램으로서 매우 큰 효과를 나타내고 있다.

장형회의 핸드워킹의 실제 행동 요령은 다음과 같다.
㉮발 대신 손으로 걷는다. ㉯반드시 출발 전에 충분한 준비운동을 한다. ㉰반드시 3명 이상의 보조자가 있어야 한다. ㉱무리하지 말고 자주 쉬고, 쉬

는 시간은 땀이 식지 않을 정도가 적합하며 보온에 유의한다. ㉤간식을 철저히 하며 근육 풀어주는 일에 소홀히 하지 않는다. ㉥보조자는 항상 등반자와 호흡을 맞추어야 하며 적절한 보조 장구를 활용한다. ㉦보조자는 핸드워킹 등반자의 땀을 수시로 닦아주며 주변 상황에 대한 사전지식을 가지고 설명해 주어야 한다. ㉧쓰지 않는 부분(특히 하체부분)에 대한 철저한 보온과 안전장치가 있어야 하며 여러 부분에 대한 고려가 필요하다. ㉨핸드워킹 시 등반자의 시야가 좁으므로 미리미리 눈짐작(목측)을 하여 체력 소모를 줄인다. ㉩팀별 산행이 되므로 모든 장비나 식량 코스에 대한 독립적 준비와 다른 팀과의 상호연락망을 항시 유지한다. ㉪가능한 산행 중 용변은 삼가도록 하고 미리 대비해 둔다. ㉫안전벨트를 착용하고 (등반자)보조자와 슬링으로 연결하여 위험에 대처한다. ㉬보조자는 등반자의 체력, 성격, 보장구 상태, 인간관계 등을 충분히 고려한 사람으로 정하고 가능한 등반자가 보조자를 택하는 형태가 효율적이다. ㉭핸드워킹 등반자는 오름보다 내림이 더 어렵다.

033. 척척 맞는 걸음(적설기 지리산 등반기)

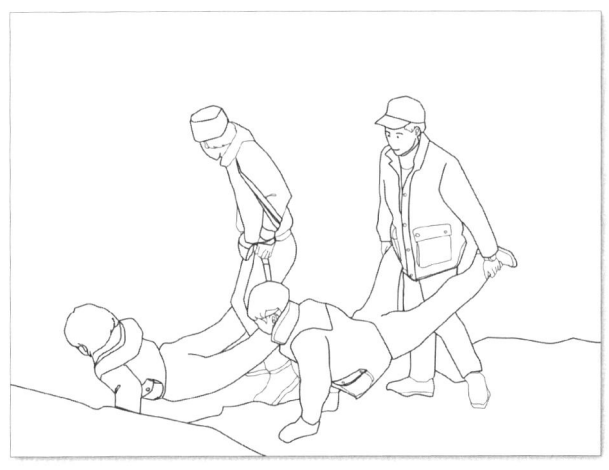

핸드워킹에서는 손걸음하는 장애 활동가와 그를 보조하는 활동가의 호흡이 중요하다. 자칫 어느 쪽에서 속도를 달리하게 되면 자세가 불안정해지기 때문이다.

손 걸음으로 시작된 지리산 적설기 등반 초입부에서 본대 2진의 모습이다. 본대 1진 그리고 지원조는 이미 이 지점을 지나갔다. 이런 모습으로 남한 제2의 고봉이자 제주도 한라산(1950m)을 제외한 한반도 남쪽 최고봉인 지리산 천왕봉(1915m)까지 올랐다가 내려와 무사히 집으로 돌아갔다.

시작부터 개인차는 당연했고 바람과 추위와 배고픔과 피로 또한 그에 못지않게 어렵고 힘들었지만, 상대적으로 그만큼 성취욕도 컸고 개별자존감 또한 높았다. 그리고 무엇보다도 서로의 호흡에서 우리가 하나 되는 감격과 그 안에서 새로운 나를 발견하는 또 다른 나에게 고맙고 감사해 할 줄 아는 나의 내적 성장을 함께 느꼈다.

한마디로 경이로움이었다. 혹자는 우리들의 이런 표현에 지극히 주관적이고 협의적이라는 우려를 표할 수도 있다. 그러나 적어도 장애인들과 함께 해본 사람들에게는 그렇지 않다고 확언할 수 있다. 특히 행위 과정이 고되고 힘들며 어려움이 많으면 많을수록 내 만족감 또한 그에 비례하고 있었다는 사실이다.

자연 친화적 활동은 상황에 따라 얼마든지 변화시킬 수 있고, 변경될 수 있는 융통성과 자율성을 가지고 있으며 강제성이 없다. 또 자연 친화 활동은 어떤 상황에서도 즐거움을 전제로 하는 신체적, 정신적 체험 활동이기에 스포츠나 게임처럼 개인의 장애 유형이나 장애 정도가 문제시되지 않는 특성이 있다.

현실적으로 등반을 비롯해 장애인의 자연 친화 활동은 분명 여가문화생활의 한 방법이기는 하지만 여러 가지 난관이 있다. 그 난관 중에서 가장 중요한 것은 바로 장애인 스스로 해보려는 자세이다. 자연 친화 활동은 그 대상이 자연이기 때문에 인위적인 사회생활에 전반적인 장애를 감수해야만 하는 장애인들에게는 더없이 알맞은 활동이다. 더구나 자연 친화 활동에서 개개인의 장애는 별다른 의미가 없다.

　오히려 선택의 폭이 다양하여 자신의 장애나 취향에 맞게 정·동적 활동을 스스로 선별할 수 있는 자기 주도적 요소가 풍부하여 자신의 신체적 장애를 본인 스스로 인정하도록 해준다. 즉 자연 친화 활동을 통해 신체적 장애를 인정하게 되고 장애인 스스로가 도전해 보려는 자세가 나타나게 된다. 이것이 재활의 중요한 기본이 되는 것이다.

034. 울고 웃고(적설기 지리산 등반기)

한라산 정상에서 우리 아이들만의 사진 촬영을 위한 위치 잡기였는데 울음바다가 되어버렸다.

지리산 정상 천왕봉에서 함께 한 아이들이 똥꼬에 털 난다는 속설에 상관없이 울고 웃고를 하다 결국 울음바다가 된 것이다.

장애인의 자연 속에서의 활동은 장애의 유형이나 정도에 상관없이 누구에게나 자신을 드러낼 수 있는 무한정의 포용력과 자연의 아름다움을 통한 조화로 정서적 안정을 도모할 수 있다. 따라서 등반을 비롯한 친자연 활동은 인간세계에 만연한 불평등 현상으로부터 고통받고 있는 장애인의 삶을 회복하기 위한 목적뿐만 아니라 '함께 살아가는 사람들'로 하여금 생명과 질서의 본질을 깨닫게 하려는 인간성 회복 차원의 접근 개념일 수밖에 없다.

현실적으로 대다수의 장애인은 장애로 인해 자아 존중심을 함양하는 직접 경험의 기회가 희박하다. 동료들과 함께 자연과 친해지며 자연을 즐기면서 원만한 인간관계를 이룰 수 있는 기회 또한 매우 적다. 경험영역의 폭이 협소한 장애인에게 친자연 활동은 인간관계의 바람직한 정립은 물론 인간과 자연의 조화를 느낄 수 있고 삶의 의미를 생각해 볼 기회가 된다. 이를 통해 모든 것에 감사하는 자아정체성 발견에 매우 적합한 학습의 장으로서 의의가 있다.

035. 야호! 정상의 환호(적설기 지리산 등반기)

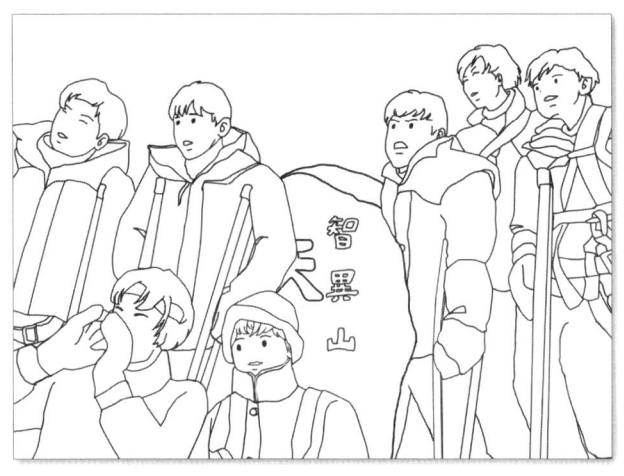

겨울 지리산 천왕봉 정상에서 환호하는 대원들.

사실 산에서 야호는 위험을 초래할 수 있다. 소리는 진동의 파장으로 전달되는데 이것이 쌓인 눈이나 위태로운 너덜지대에 놓인 돌이나 바위 등에 부딪히면서 눈사태 등 위험을 유발할 수 있기 때문이다. 그러니까 지금의 '야호!'는 지금 이 순간에 위험을 각오한 환호다.

위험을 각오한 야호라는 외침 속에는 스스로의 다짐이 있다. 지금 이 자리에 있으면서도 때론 과거 생각에 매여 있고, 때론 미래로 달려가느라 정작 이 순간을 놓치고 있다. 이 순간의 진정한 가치에 눈 뜨고 살자라는 다짐 말이다.

이 환희의 순간 뒤에 얼마나 많은 울음이 있었을지 그가 아닌 나로서는 가늠할 수가 없다. 어쩌면 '울면 안 돼, 더구나 남자는'이라고 이 사회가 은연중에 강요하는 이른바 '맨박스' 통념에 갇힌 탓일 수도 있다. 뒤집어서 '괜찮아, 울어도 돼'라고 할 수 있어야 한다.

장애인을 포함한 모든 인간은 좋은 감성만이 아니라 그렇지 않은 감성도 모두 드러낼 수 있는 사회 속에서 더욱 더 성장할 수 있다. 입장바꾸어 보기가 당연한 사회, 마음 놓고 울 수 있는 사회, 눈물을 인정하고 그 눈물을 닦아줄 수 있는 사회, 서로의 아픔과 즐거움을 나눌 수 있는 사회 말이다. 이를 통해 장애인들은 사회구성원으로 받아들여질 수 있다.

오늘날 장애인을 위한 정상화는 사회구성원의 일원으로서 일반인과 가능하면 동일한 환경에서 생활하는 것이다. 이것은 지역사회 통합에 의해 실천될 수 있다. 장애인의 정상화를 위한 통합이 성공적으로 이루어지기 위해서는 여러 가지 법적· 사회적 제도·장치나 일반 사회의 긍정적 장애인관 등이 확립되어야 하지만, 그에 앞서 장애인 스스로 사회적응력을 키우는 것이 무엇보다 중요하다.

036. 두 팔로만 잘 될까(인수봉 암벽등반)

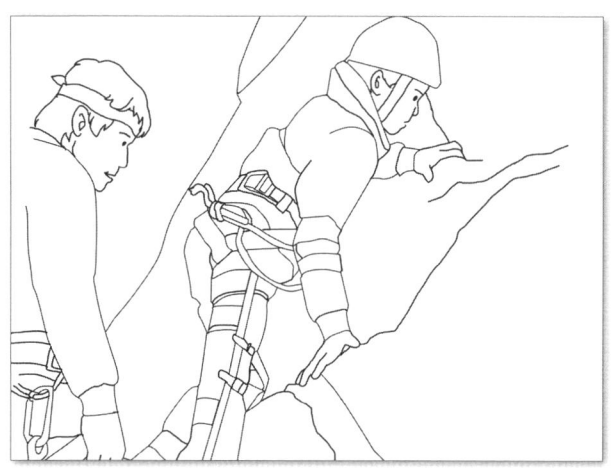

암벽등반은 3점 지지가 필수이다. 두 팔만으로는 절대 불가능한 암벽등반을 한마음 한뜻으로 이루어 냈다.

이 등반의 전 과정은 KBS-TV 기획제작실의 정훈 PD가 「저기 인수봉이 있다」라는 제목으로 제작·방송되었고 88 서울세계장애인패럴림픽 개회식 전광판을 차지하기도 해 전 세계로 방영되면서 우리나라 장애인의 독기(?)를 보여주기도 했다.

훈련된 산쟁이가 아니라면 엄두조차 못 낼 거대암벽 인수봉 등반의 시작은 지극히 단순했다. 안전불감증에다 단순무식해서 겁 없는 아집의 실천이라는 비판을 받고도 남을 오만함의 극치 내지는 장애인을 혹사하는 양아치로 치부될 수도 있었다. 그동안 장형회가 추구해온 안전 우선 이미지가 일시에 무너질 수도 있었다. 그러나 우리는 개의치 않았다. 그동안 등반, 강 탐사, 각종 캠프 등 함께 해온 친자연 활동을 통해 축적된 회원들의 도전 의식과 기어코 해치우고 마는 추진력을 굳게 믿었기에 통밥을 굴리지 않고 저질러 본 것이다.

이번 등반은 해보자고 덤빈 장애 당사자와 그러자고 한 장형회와 정훈 PD, 전문 등반 그룹인 악우회의 철저한 기술지도 등 서로 간 손발이 잘 맞고 아 하면 어하고 알아듣는 데 익숙했기에 가능했다. 무엇을 하자고 하든지 서로 믿었기에 가능했다. 팀워크로 이루어 낸 개가였다. 단지 '장애인의 초인적 힘으로 인수봉을 정복했다'는 표현으로는 이 경험을 다 설명할 수 없다. '나도 세상 꼭대기에서 넓은 세계를 보았다'는 체험을 통해 자연이나 사회환경은 정복하거나 싸워야 하는 적이 아니라 적응하는 것임을, 함께 하는 것임을 알게 해 주었다.

무엇보다도 정서적 경험인 공감의 교차가 가장 큰 역할을 했다.

공감은 다른 사람이나 나 자신에 대한 정의적(감정이나 기분)·인지적(생각이나 개념) 이해력으로 볼 수 있다. 또 공감은 바로 상대방의 입장으로 생각할 수 있는 결과로 이어지기에 결코 간단한 행동이 아니다. 상대와 입장 바꾸어 보기를 하려면 자신의 마음에 깊게 뿌리내린 고정관념이나 경험을 억제할 수 있어야 한다.

타인의 세계에도 그렇지만 자기 자신의 세계 또한 복잡하기에 공감이란 쉽지 않으며 그에 따른 행동 역시 만만치 않다. 우리가 상대방의 입장으로 상대를 이해하려 한다면, 우리는 상대와 더 나은 관계를 유지할 수 있다. 긍정적이든 부정적이든 상대의 과거 경험을 받아들이면 그 인간관계가 유지되고, 우리의 생존에도 도움이 된다.

이 체험을 함께 한 사람들의 정서적 경험은 우울·회의·복수·분노·적개심 등의 자기중심적이며 소통 불가의 파괴적 정서 경험이 아니라, 기쁨·즐거움·옹호·용서·동지애 등이 자연스럽게 공통의 분모로 작동된 생산적 정서 경험의 모듬이었다. 우리가 인수봉 등반에서 보여준 것은 이러한 공감의 정서적 교류였다. 그래서 섣부른 도전을 단연코 거부하는 거벽 인수봉이 선선히 그 길을 열어 주었다.

037. 두 팔과 한 다리로(인수봉 암벽등반)

장애 대원이 인수봉 암벽등반을 시도하고 있다. 아이의 두 팔과 한 다리로만 오르는 것은 오직 자연과 그가 하나 된 하모니다.

장애대원의 안전 확보를 책임진 악우회 회원이 그의 홀드 찾기를 보조하고 있다.

암벽등반의 기초는 안전을 위한 지지물 확보와 자세 유지인데 초보자들이 가장 힘들어하는 것 중 하나가 바로 이것이다. 암벽등반의 기본자세는 암벽으로부터 자신의 상체를 가능한 떨어뜨린 직각 자세를 취해 양발의 마찰력을 극대화함으로써 미끄러짐을 최소화한 상태에서 지지물을 확보하고, 다음 동작이 수월할 수 있게 새로운 지지물을 찾는 동작이 연속적으로 이루어지도록 하는 것이다. 그러나 대다수의 초보자는 이런 자세를 유지하기보다는 오히려 암벽에 더 달라붙는 평행 자세를 취함으로써 스스로 공포감을 증폭시키고 그로 인해 몸의 경직이 가중됨으로써 결국에는 포기하는 경우가 잦다.

모든 것이 그렇지만 경험을 통한 몸과 마음에의 체득이야말로 최고의 배움이자 삶의 지혜가 된다는 사실이다. 이 도전도 같은 맥락으로 단기간이긴 하지만 강도 높은 연습을 쌓았기에 가능했다.

038. 2점 지지만으로도(인수봉 암벽 등반)

인수봉 암벽등반 출발점에서 첫 확보 지지 점을 찾는 아이는 예쁘장한 얼굴에 말수도 별로 없지만 탁월한 운동신경과 책임성으로 어디서나 환영받는 대원이었다.

아이는 어깨와 팔 힘은 매우 강해 슬랩(경사면) 지역에서 유감없이 실력을 나타낸다. 그의 등반 자세는 매우 안정적이며 지형지물에 대한 감각과 적응력이 좋은 편이다 보니 이동 속도도 빨랐다. 20여m의 경사길을 오르는 데 불과 20분 정도밖에 걸리지 않는다. 머리 위 홀드(바위의 크고 작은 돌출부)를 찾는 눈초리 하며 자신의 몸을 최대한 바위 면에 밀착시켜 마찰력을 극대화하는 자세도 매우 양호하다. 특히 그의 하강 모양은 참 별나다. 두 어깨의 힘이 좋으니까 하체는 그냥 늘어뜨린 채 두 팔로 바위 면을 탁탁 쳐내면서 내려가는 동작에는 거칠 것이 없다.

무엇보다도 그의 장점은 힘든 등반 속에서도 스스로 즐거움을 찾아내고 즐기며 즐기는 자신을 향해 만족한 미소를 지을 줄 아는 여유가 있다는 것이다. 긍정적 자아가 넘치는 녀석이다.

인수봉 암벽등반을 위한 연습산행이나 본 등반에서 녀석의 타인을 위한 배려는 뭐라 설명하기 어려운 자상함의 연속이었다. 이 아이는 항상 자기보다는 팀원들을 먼저 챙기는 솔선수범의 행동을 보여주고는 해 주변 사람들을 편안하게 만들어 주었다. 한가지 예로 손가락이 바위에 쓸려 상처가 같이 났어도 자기보다 팀원에게 먼저 치료를 받도록 하거나 부족한 밴드를 양보하는 등의 배려가 몸에 밴 귀엽고 깜찍하며 믿음직한 내공을 지닌 소년이었다.

"출발"이라는 아이의 목소리가 쾌청하게 들린다.

"위에 잡고 밀어 올려. 그렇지. 아니야, 임마. 그게 아니고 틀어서 올려. 다시 해 봐. 당겨, 더 바짝."

현재 내 위치에서는 보이지 않지만, 보조자의 날카로운 목소리에 아이의 등반 모습이 선하다. 내 눈에 보이는 것은 안타까워 어찌할 줄 모르는 동행인들의 골똘한 표정과 아이 몸에 걸려 있을 자일의 팽팽함 그뿐이다.

원래 암벽등반의 기본은 3점 지지로 2점은 양손을 말하고 1점은 하체의 지지 점 곧 몸의 하중을 버티는 곳을 말한다. 3점 지지가 기본인 암벽등반에서 오로지 두 팔로만 등반해야 하는 그에게 자기 체중 유지와 이동은 보통의 상식을 뛰어넘는 담력과 근력 그리고 고도의 정신력이 없이는 불가능한 일이다.

사실, 절단 장애인인 다른 아이는 충분한 승산이 있었으나 그는 정상 정복까지는 생각지 않았었다. 그러나 누구는 정상에 오르고 누구는 오르지 못한다면 결국 장애 때문에 실망감을 안을 수도 있다는 계산이 섰기 때문에 다소 무리를 해서라도 모두 다 정상에 올리도록 작전을 짰다. 그만큼 위험성과 등반기술 및 시간상의 수정이 필요했다.

칼날처럼 날카로운 크랙 면에 두 개의 어린 손이 분주히 움직이고 있다. 한쪽 팔은 자신의 체중을 유지하고 다른 팔은 지지점을 찾아 이리저리 더듬는다. 양 하지가 마비되어 두 다리는 그냥 매달려 있을 뿐 아무런 쓸모가 없다. 밑은 까마득한 절벽, 위에서는 힘내라는 목소리뿐. 오로지 자신과의 싸움이다. 헬멧 속으로 보이는 아이 얼굴은 무섭도록 일그러져 있다. 붉게 충혈된 낯빛, 미간에 힘줄이 꿈틀대며 줄기찬 도전의 눈빛이 자신의 두 손을 뚫어질 듯 노려본다. 앙다문 이가 벌어진 입술 사이로 하얀빛을 발한다.

그 누가 저 모습을 보고 감동하지 않을 수가 있을까? 그 어느 누가 저들더러 병신이라고 외면할 수가 있단 말인가?

루프에 올라 아래를 보니 아이가 기존 코스를 버리고 오버행(등산에서, 암벽의 일부가 처마처럼 돌출되어 머리 위를 덮는 형태의 바위)의 급한 슬랙 지역을 두 손바닥을 이용해서 횡단하는 모습이 보인다. 하체를 전혀 쓸 수 없으니 슬랙을 택한 모양이다. 이곳은 전혀 홀드나 크랙이 없어 정말 난 코스인데, 장애를 지닌 아이에겐 오히려 쉬운 곳이 될 수도 있었다. 왜냐면 아이는 어깨 힘과 손목의 힘이 아주 뛰어나고 하체가 꼬여도 별반 무리가 없는 데다, 손바닥으로 버티고 당기는 요령이 매우 숙달되어 있기 때문이다.

양손에 하얀 초크(암벽등반 시 손에 나는 땀으로 인해 미끄러지지 않도록 하기 위해 칠하는 석회 가루)가 칠해져 있다. 한 손으로 손바닥 전체를 펴서 바위에 붙인 채 그 마찰력으로 자신의 몸을 당겨 올리고 다른 손바닥으로 체중을 떠받쳐 오르는 동작은 상상을 초월한 힘이 든다. 다만 두 다리에 찬 브레이스가 잠깐씩 걸쳐 지지하는 데 한몫을 한다. 그러나 저 브레이스 역할도 믿을 수는 없다. 워낙 반질반질한 화강암 반석이다. 한 치의 균열도 없기 때문이다. 내 손에조차 땀이 쥐어진다. 차라리 이 코스의 난이도를 모른다면 더 마음이 조마조마하지 않았을 것 같다.

"어." 아차 하는 순간이다.

아이의 몸이 기우뚱하더니 밑으로 쏟아진다. 다행히 몸이 뒤집히지는 않고 두 손으로 바위 면을 긁어 대면서 밀리고 있다. 빌레이(산악 등반에서,

등반가의 추락을 막기 위해 로프를 사용하는 기술) 보는 안전요원의 제동이 제 기술을 발휘한다. 항상 장비에 대한 믿음을 갖는 것이 암벽등반의 기초인 줄 알면서도 하강기에서 풀려나가는 자일의 움직임을 보는 순간, 불길한 느낌이 드는 것은 어쩔 수가 없다. 좌우로 움직이던 아이 몸이 다시 바위에 붙었다. 뭐라고 해야 할 텐데 도대체 말이 나오질 않는다. 그냥 망연히 볼 수 밖에는.

그러나 이 상황에서 내가 할 수 있는 일이란 내 얼굴을 아이에게 보여주는 것이다. 그동안 수많은 산행 중 어려울 때마다 서로의 표정을 확인하는 것만큼, 그 진가를 발휘하는 것이 없었기 때문이다. 동료에 대한 믿음으로 한순간의 어려움을 이겨내는 데는 아무런 막힘이 없다.

이윽고 다시 몸을 움직이기 시작한다. 한 손이 위로 올라 마찰을 시키고 하체가 번쩍 들리며 위로 이동하면서 다른 손이 재빨리 체중을 떠받치고 숨 한 번 크게 들이마시고 다시 오르고의 반복이다. 보통 전문 산악인이라도 한번 슬립(미끄러져 내림)을 먹으면 쉽게 재도전이 이루어지지 않는데 잠시 멈칫하더니 계속해서 오르려는 저 정신력은 가히 상상을 초월한다. 녀석의 확보줄이 점차 느슨해진다. 제대로 잘 오른다는 얘기이다.

확보용 자일이 흔들리면서 아이의 하얀 헬멧이 보인다. 아이의 낮은 포복 자세다. 꽤 탈진한 듯 아예 배를 암벽 위에 깔고 팔꿈치로 기어오른다. 뿌연 안개가 낀다. 울컥 넘어오려는 그 무엇이 목구멍에서 겨우 걸린다. 어금

니를 지그시 물어본다. 한쪽 볼을 타고 흐르는 눈물을 감추려고 저 멀리 인천 바다 쪽 하늘이 맞닿은 곳을 본다. 이렇게 해내는 거구나. 내려다본 내 손바닥이 새까맣다. 갈라 터진 손톱 밑과 둘레에 피가 말라 엉겨있다.

그렇게 해서 3시 45분을 마지막으로 암벽등반은 일단 끝났다. 환호와 박수가 한데 어우러진다. 3명을 위해서 30명 이상이 저마다의 시간과 사랑을 할애하여 최선의 봉사를 해주었기 때문에 이루어진 결과이다. 같이 오르건 오르지 못했든 간에 똑같이 헐떡거리는 숨소리 속에서 우린 서로의 밀착된 교감을 느꼈기에 모두가 하나다. 장애 대원들의 용변 처리와 모든 장비를 정리하고 일단 백운산장으로 철수하도록 지시했다.

우리 힘만으로는 절대로 안 된다. 누군가의 도움이 필요한 건 사실이다. 위험을 자초해서는 안 되지만 목적을 세워놓고 피하거나 망설일 필요는 없다. 무슨 일이건 안전하다고 판단될 때는 용기가 나는 법이다. 하려고 하는 의지가 뚜렷하면 조력자도 생기는 것이다. 장애인들이 암벽등반을 했다고 해서 별나다거나 대단하다고 하는 것을 원하지는 않는다. 우리가 진정으로 바라는 것은 우리의 능력을 알고, 동정이나 외면이 아닌 하나의 인간으로서 살아가는 데 필요한 이해뿐이다.

예전에 우리 아이에게서 들었던 말. 죽을 때까지 잊지 않을 것이다.

"의사도, 엄마 아빠도, 간호사도, 치료사도, 모두 내 장애가 낫는다고 했는데. 왜 우리 선생님만 안 낫는다고 그러는가? 난 누구를 믿어야 하는가?"

039. 뒤집히기 일보 직전(인수봉 암벽등반)

속전속결로 해치운 인수봉 암벽등반은 한마디로 겁대가리 없는 모험이었음을 고백할 수밖에 없다.

 3지점 확보와 지지가 기본인 암벽등반에서 한 다리나 양다리가 없는 지체장애자에게 우리나라 최대의 거벽인 중 하나인 인수봉에 대한 도전은 성공과 실패의 문제가 아니라 무모함에 극치로 치부되어 피할 수 없는 비난의 대상일 수도 있었다.

 이후 지체 장애인의 인수봉 암벽등반 소식은 전해 들은 바 없었으나 장형회 회원으로 청각장애 특수교육기관의 김 교사가 자신의 제자인 청각장애 학생들과 두 차례 인수봉 암벽등반을 시도해 사람들의 박수갈채를 받았다.

흔히 청각장애인은 몸은 멀쩡하고 듣는 것에만 문제가 있는 것으로 알고 있기에 몸을 이용한 활동은 아무런 지장이 없을 것으로 생각하기 쉽다. 그러나 청각장애인은 듣기와 말하기의 청각 문제 외에 평형기능을 담당하는 와우(달팽이관)의 림프액 이상으로 몸의 중심 잡기와 유지가 어려운 사람도 있다는 것은 간과하기 쉽다. 따라서 청각장애인의 수화와 지화(수화에서, 한글 자모음이나 알파벳, 숫자 하나하나를 손가락으로 표시하는 방법) 내지는 독화(말하는 사람의 입 모양을 보고 음성언어의 자극을 받아들여 시각으로 언어를 읽는 방법)를 통한 의사소통만으로는 기술지도나 안전사고 예방 등 교육과 훈련에 한계가 있게 마련이다.

장애는 불편함의 정도일 뿐 나를 대변하는 그 무엇도 아니며 오히려 나를 분발하게 하는 욕구의 원동력이자 동기의 추진력 된다. 그래서 인수봉에 도전한 아이들은 장애는 피할 수 없는 현실임을 직시했다. 그랬기에 그들은 멍투성이 땀투성이로 온몸이 어떻게 된다 해도 오로지 오를 수밖에 없었다. 그들의 모험은 사투처럼 처절하지도 고난의 행군처럼 너절하지 않았다.

그들의 정상을 향한 불타는 눈빛은 인수봉의 차가운 암벽을 뜨겁게 달구었고 굼뜬 듯 쉴 새 없는 몸놀림은 거칠 것이 없다. 오로지 찾고, 잡고, 당기고, 밀며 오를 뿐이다. 그런 그들을 목을 한껏 뒤로 젖히고 지켜보는 보조대원들의 성원이 함께 하고 전문 산악팀의 기술지도와 추임새 소리가 만든 하모니는 그야말로 살맛 나는 세상이다.

040. 너무나 신성한 함께함(인수봉 암벽등반)

필자를 비롯한 장형회 회원들이 직상 크랙 하단에서 등반기술 지도와 안전 확보 중이다.

신성한 체험은 세간 사람들에게 인정받은 종교만의 전유물은 아니다. 무격신앙의 신내림에서부터 발달장애인의 반짝하는 마법의 순간까지 살아 있는 모든 것에 깃들어 있지만 쉽게 체험하기 어려운 영적 그 무엇일 수도 있고, 아르키메데스의 '유레카'나 데카르트의 '나는 생각한다. 그러므로 나는 존재한다' 같은 발견일 수도 있다. 또는 누군가의 최선에 몰입되어 함께

하는 모습에 온통 전율을 느껴 그 숭고함을 공유하는 체험일 수도 있다.

산을 오르는 일반적 행위는 본능적인 욕구 충족에 대한 자기만족과 펼쳐지는 주변 풍광에 대한 감상과 위에서 아래를 내려다보는 쾌감 등을 즐기는 경우가 대부분이다. 그러나 인수봉 암벽등반에 나선 우리 일행은 비록 만족과 감상과 쾌감의 즐거움을 누리지는 못했지만 아름다운 동행으로 그 이상을 넘어선 신성한 체험의 행복함을 맛보았다고 할 수 있다.

여기에는 그동안 장애인들과 함께해온 장애인복지형상회의 다양한 프로그램의 창안과 실천이 기반이 되었음은 물론이다. 전문 산악단체인 악우회도 장애인과의 대면은 처음이었고 우리나라 등반역사상 이제까지 한 번도 장애인의 암벽 등반은 시도된 적도 없었기에 동행 결정은 쉽지 않았을 것이다. 특히 고도의 기술과 체력과 경험은 물론이고 개인과 팀의 안전에 기여할 수 있는 능력을 최우선으로 하는 암벽 등반에서 신체장애인의 도전은 무리라고 여겨질 소지가 다분했을 것이다. 그러나 그들은 흔쾌히 동행을 자처하고 나섰고 성실히 임했다. 그들의 헌신적인 동참은 우리나라 산악인은 물론 전 세계 산악인들의 귀감이 될 수 있다.

함께 했던 우리가 공유했던 것 중에 꼭 밝혀야 할 사항이 있다. 그것은 다름 아닌 '장애'라는 용어와 '장애인'에 대한 이해다. 일반적으로 장애란 '가로막아서 중간에 거치적거림'을 뜻한다. 예를 들어 "부정부패는 사회 발전의 장애 요소이다." 혹은 "장애물 경주에서 누가 승리하였는가?" 등에서 장애는 '저해하다', '거치적거리다' 등의 의미로 사용된다.

그러면 장애인이라는 말의 '장애'도 같은 의미인가? 결론은 그렇지 않다. 부정부패는 사회 발전을 저해하고, 장애물은 달리는 사람에게 거치적거리는 물건이다. 다시 말해서 장애의 방향이 밖으로 향하고 있다.

그러나 장애인의 '장애'는 신체적·정신적 능력이 온건하지 못한 것은 사실이나, 그것이 다른 사람이나 사회에 폐를 끼치는 것이 아니라 일차적으로 장애인 자신에게 영향을 미친다. 즉, 장애의 방향이 본인 내부로 향하는 것이다.

따라서 장애인은 사회 발전을 저해하는 '장애 요소'와 같은 매개체도 아니요, 장애물 경주의 '장애물'처럼 거치적거리는 물건도 아니다. 다만 신체적·정신적 결함으로 인하여 일상적인 사회환경 속에서 살아가는데 다소 어려움을 겪고 있는 사람일 뿐이다.

장애인에 대한 관점은 과거에는 이러한 손상된 기능 중심적인 의학적 모델이 중심이었다면 지금은 당사자 기호 중심으로 패러다임이 전환되고 있다. 개개인의 기호에 따른 선택으로 삶의 질에 중심을 두는 것이다. 따라서 '장애'라는 용어와 '장애인'에 대한 이해의 중심을 기능적인 부분이 아닌 우리가 함께하는 삶의 부분으로 변화시켜야 한다.

041. 빈 콜라병은 왜 들었을까(남한강 탐사기)

강원도 영월의 고씨동굴 앞에서 출발해 여의도 선착장까지 7박 8일간 실시한 남한강 탐사에서 항해 중 가운데 앉은 장애대원이 콜라병을 들고 있다.

인간이 자유롭고 행복한 삶을 이어가기 위해서는 지식과 경험을 풍부하게 쌓을 수 있는 개방된 생활환경과 인간의 기본욕구가 인위적인 사회적 틀의 억압으로부터 해방되어 자유롭게 펼쳐질 수 있는 기회가 제공되어야 한다. 자연에서 이루어지는 야외활동은 인간적인 가치인 감성. 직관. 관계 등을 올바르게 회복시켜 주는 시간이 될 수 있다. 이러한 야외활동에서 장애인이 예외일 수 없으며 오히려 심신의 장애로 인한 어려움을 극복하기 위한 대안으로 적극 권장되고 실천되어야 할 필요가 있다.

이러한 필요성을 누구보다 일찍 알아챈 우리는 친자연 활동을 초창기의 장애 극복 중심활동에서 벗어나, 여가를 즐기고 생활화하는 여가문화 정착을 도모하는 방향으로 중심을 옮겼다. 이를 통해 평생교육의 시대적 조류에 따른 실천적 방법으로, 친자연 활동을 통한 장애인 평생 복지 공동체를 추구하는 것으로 그 범주를 확대하고 있다. 이러한 흐름의 기반은 두말할 것도 없이 장애인의 복지를 생각과 말만이 아니라 실제로 그들의 복지를 현실화하는 데 앞장서자는 초발심에서 비롯된 것이다. 그 초발심의 실천 방법 중 하나로 진행되는 활동이 장애인 남한강 탐사이다.

래프팅은 급류타기와 유사한 수상 레포츠로 카누나 카약이 있고 평류에서 즐기는 보트 타기도 있는데, 래프팅의 특징은 온전히 사람의 힘으로만 움직이는 무동력으로 탑승 인원들의 일사분란한 호흡과 동작에 따라 진행 방향이 바뀌며 그에 따라 위험의 강도 또한 높다. 그러니까 고도의 협동심과 공동체적 행동이 필수다. 대원들이 타고 있는 고무보트는 해병대에서 쓰던 15인승으로 해양소년단에서 불하받은 것을 장형회가 다시 빌려온 것이다. 선체와 수동펌프와 노를 합치면 그 자체무게만도 상당해서 다수의 협동이 필수다. 게다가 고무보트는 자체 부력이 강해 진행 방향이 쉽게 틀어지기 때문에 운행의 일관성과 지속성 유지가 어렵다. 이에 따른 해결책은 오로지 탑승자들의 통일된 노 젓기가 필수요소다. 고무보트를 탐사에 활용한 이유 중 하나이다.

 각기 다른 심신장애인들의 통일된 노 젓기와 콜라병을 들고 있는 장애인. 방법은 달라도 목적은 같다. 이것은 다름에 관한 믿음 이기도 하다.

042. 무슨 말을 했을까(남한강 탐사기)

남한강 탐사 중 청각장애인과 지체장애인의 의사소통 장면이다.

　의사소통이란 말하는 사람과 듣는 사람 간에 생각이나 의견, 사실 등을 교환하는 과정으로 이 능력은 인간 발달의 기본 요소이다. 이를 통해 사람들은 관계를 형성하고, 사고·관념·감정·요구·경험 등을 교환한다. 의사 표현의 수단인 말·언어는 우리의 일상생활에 많은 제한을 주는데 직업의 선택에서부터 승진, 군대 또는 일상생활의 문제까지 그 정도와 범위도 다양하다.

청각장애인의 통상적 소통수단은 수화이고 오늘날에는 제2의 언어로 지정되어 있다. 일반적으로 청각장애인에 대해 오해하는 경우가 많다. 소리를 듣지 못하기 때문에 말을 하지 못하는 것으로 알고 있기에 소리를 들을 수 있으면 바로 소통이 가능할 것이라는 생각을 하는데 실은 그렇지 않다. 소리를 듣는다고 해도 언어훈련의 과정을 거치지 않으면 언어습득은 매우 어렵다.

청각장애인뿐 아니라 일반적으로 장애인은 언어습득 과업의 미완수로 인해 효과적인 의사소통에 어려움을 겪는다. 따라서 장애인의 언어 교육이 언어의 구조나 구문 형식, 어휘에만 치중할 경우 실제의 생활환경에서는 거의 일반화시키지 못하는 단점이 있다. 거기에다 연령이 증가하면 할수록 언어습득의 기회는 그만큼 줄어든다.

이들을 위한 프로그램이 효과를 거두려면 학습자가 효율적인 표현 수단을 소유해야 하고 비언어적 방법(말을 사용하지 않고 표정, 몸짓, 손짓 따위를 이용하여 메시지를 전달하는 방법)을 사용해 효과적인 의사소통 기능을 발휘할 수 있도록 해야 한다. 비언어적 의사소통 방법들은 기능적 발성이나 말의 발달을 저해하지 않으며 오히려 구어적 의사소통을 향상시킨다.

사진에서 두 사람의 의사 내용은 알 수 없지만, 그 모습에서 의견교환이 이루어지고 있다는 사실은 확인할 수 있다. 의사소통 과정에서 말과 언어가 주가 되지만 사진 속 두 사람처럼 수어나 점자, 표정, 몸짓으로도 가능하다.

보다 더 정확한 의사소통은 공감되었을 때 훨씬 수월하게 이루어진다.

　따라서 우리 아이들과 함께 하는 활동에서 항상 염두에 두고 있는 것 중 하나가 그 아이가 느끼는 감정을 최대한 보장해준다는 점이다. 감정을 서로 나누고 공감하였을 때 소통의 속도나 의미전달은 더 원활해진다. 물론 감정은 최대한 보장해주되 부적절한 행동에는 철저한 제한을 두도록 하였다. 처음에는 어려움이 많았지만, 서서히 자리를 잡아갔고 이제는 불문율처럼 자리매김 되었다.

　소통을 위한 공감이 가장 잘, 거침없이, 끝없이 작동되는 곳. 그곳은 다름 아닌 자연이다. 언어의 기본은 소통인데 통상적인 만남이 아니라 자연탐사라는 공통의 목적 아래서 그 소통의 수월성이 훨씬 더 효과적이라는 것을 말하고자 하는 것이다.

043. 15인의 남한강 탐사대(남한강 탐사기)

남한강 탐사에서 단양의 도담 삼봉에서 출발해 충주댐을 향해 가고 있는 15인의 남한강 탐사대원들의 모습이다.

급류 타기(Rafting)는 개인주의에 익숙해져 가는 현대인들에게 꿈과 모험심을 되찾게 해주는 모험레포츠로 장애인들에게도 야영과 자체 취사를 겸한 더 없이 적절한 수상프로그램이다. 일단 한배를 타면 말 그대로 공동운명체가 되어 언제 어디서 나타날지 모르는 장애물과 급류의 속도에 공포감과 속도감을 함께 느끼며, 팀원 사이에 호흡이 맞지 않으면 배가 뒤집혀 모두 물속에 휘말리는 아찔함도 맛봐야 한다. 그러나 호흡이 잘 맞아 한마음이 되면 물줄기를 따라 펼쳐지는 풍광을 감상할 수 있는 특혜가 주어지고 자연과 하나 되는 경이로움도 맛볼 수 있다. 그러자면 물의 흐름이 완만한 강이나 호수에서 급류 타기에 필요한 기술과 감각을 익혀야 한다.

우선 노 젓는 방법부터 시작하는데, 급류 타기는 여러 명이 함께 타기 때문에 리더(조종수)의 지시에 따라 회원들 간에 일치된 동작으로 노를 저어야만 한다. 또 좌. 우회전하는 방법과 바위와 충돌 시 대처하는 방법 등도 반드시 알아두어야 할 기술이다. 급류 타기 기술을 어느 정도 익힌 후엔 구조 방법과 자신이 물에 빠졌을 때의 주의 사항도 필히 배우도록 한다. 이런 기본적인 것들을 배운 후에는 다양한 방법으로 급류 타기를 즐길 수 있다

급류 타기는 스피드와 스릴을 느낄 수 있는 급류 타기와, 어느 정도의 시간을 두고 물길을 따라 자연을 만끽하고 국토에 대한 애정을 느낄 수 있는 탐사 급류 타기로 구분된다. 장애인들에게는 탐사 목적의 급류 타기가 알맞다.

장애인의 급류 타기는, 1986년 삼육재활학교 교사였던 필자가 재활원생, 학생 및 자원봉사자들과 함께 해양소년단의 협조를 얻어 북한강 탐사에 활용하였던 것이 우리나라 최초이다. 이어서 남한강, 금강 탐사에도 활용되었으나 완만한 흐름의 강에서 실시되었기 때문에 스피드와 스릴의 즐거움보다는 7박 8일씩의 긴 여정을 통한 협동심, 인내심, 모험심을 기르기 위한

극기 훈련의 성격이 강했다. 이후 1996년부터는 자연 속에서 즐기는 자연친화 활동으로 정착되어 매년 동강에서 다양한 유형의 장애인을 대상으로 실시되고 있다.

장애인 급류 타기는 단순히 보트만 타고 내려오는 것이 아니라, 자연 자체를 감상하고 그에 적응하는 기회의 확장과 주변의 모든 자연물을 놀이 감으로 활용하여 스스로 즐거워할 줄 알고 변화하는 상황 속에서 인간교류까지 포함하는 자연 친화적 활동을 의미한다. 고무보트를 이용한 급류 타기는 협동심과 단결력을 요구하는 노젓기가 필수이다. 하지만 거슬러 올라갈 필요가 없고 흐르는 물살에 맡겨만 두어도 목적지에 도달할 수 있다.

중도·중복 장애인을 포함하여 다양한 유형의 장애인이 참여할 수 있으며, 물깊이가 40센티 정도만 되어도 보트가 뜨기 때문에 물이 있는 곳이면 어디에나 접근할 수 있는 접근성과 탈출성이 용이하고 활동의 변환이 수월하다. 물소리, 바람 소리, 새소리, 옆 사람과의 대화 소리도 시각장애인에게는 훌륭한 학습이 될 수 있고, 기암절벽과 각종의 나무와 야생 꽃은 청각장애인들의 더없이 좋은 볼거리이다. 수려한 계곡미와 하늘색의 조화는 지적장애인이나 정서장애인들에게 끝없는 호기심의 대상으로 집중할 수 있다. 지체장애인은 물속에서 부력으로 인한 신체의 자유로움을 느낄 수 있어서 더할 수 없는 즐거움의 기회가 된다. 정형화된 사회에서 자신을 찾으려는 자폐성 장애인들에게는 한배를 탄 공동운명체인 다른 사람들의 역할에 호의적일 수밖에 없는 상황이 된다.

　급류 타기는 물살이 센 계곡을 고무보트에 의지해 맨몸으로 헤쳐 나가는 모험으로 가득한 레포츠로 급류를 헤쳐 나가는 도전정신과 협동심 및 극기심을 기를 수 있는 심신 훈련 프로그램이다.

044. 즐거운 취사 시간(남한강 탐사기)

남한강 탐사 중 충주댐 근처에서 조별 취사하는 모습. 코펠과 휴대용 가스버너와 바람막이는 당시에는 최신의 취사 장비였다.

장마가 할퀴고 지나간 뒤라 물이 고였던 자리가 마르면서 적당한 취사지가 되었으나 먹는 것은 매우 부실했다. 질이 아니라 양으로 때우는 게 다반사인데 이날은 1인당 반 마리씩의 삶은 닭이 배식 되어 오랜만에 포식을 했다. 식수 조달과 잔반 및 가스통 처리 그리고 배변에 따른 어려움은 여전했다.

남한강 탐사에 함께한 탐사대원 모두는 지급된 유니폼 각 2장으로 7박 8일간을 버텼다. 온종일 뜨거운 햇볕 아래 그을리며 항해 후 숙영지에 도착해서 이미 와 있는 자신의 짐을 찾아 배정받은 텐트에 들어서자마자 제일 먼저 하는 일이 땀에 절어 누렇게 바랜 유니폼 세탁해서 선발 조가 설치한 건조대 줄에 거는 일이다. 건조대가 부족하면 텐트와 텐트 사이에 줄을 매어 쓰기도 하면서 항해 중 벌어진 얘기들로 밤이 깊어가는 줄 몰랐다.

　그러다 어느새 코골이 소리 드높은 숙영지의 어둠 속을 간간이 밝히는 손전등 빛이 등장한다. 각 선대장의 자기 대원 관리를 위한 마지막 점검의 불빛이다. 낮에는 휘몰아치며 호랑이처럼 굴다가 한밤중에는 걷어차 낸 대원의 침낭을 여며주는 솜털 같은 잔정을 지닌 그들이다. 어둠이 짙어지는 심야일수록 별이 빛나듯 그 별보다 더 빛나는 저들의 모습에서 진한 감동을 받는다.

　저들의 모습처럼 척박한 대지에서도 생명의 싹은 트듯, 추운 겨울이 지나야 따뜻한 봄이 오듯 그렇게 자연에 순응하며 소소한 삶 속에서 행복을 느끼고 감동을 받는 이 평범한 삶을 장애인 비장애인 모두가 함께 누리기를 원한다.

045. I LOVE YOU(남한강 탐사기)

남한강 탐사의 한 장면. 7박 8일간의 남한강 탐사의 마지막 숙영지는 잠실의 수중보 근처였다.

나는 너를 사랑한다는 말의 속내는 너도 나를 사랑해주기를 원한다는 것일 수도 있다. 그러니 우리 서로 사랑하자는 뜻을 담고 있을 수도 있다. 알 것 같기도 하고 모를 것 같기도 한 속칭 알쏭달쏭, 아리송, 긴가민가, 애매모호 등의 오묘함으로 인간사에서 자주 회자 되는 말일 수도 있다. 하기야 행복이란 말처럼 사랑도 만질 수 없고 고정돼 있지도 않은데 사람들이 믿어

버리는 것은 그만큼 뭔가가 있다는 것은 분명하다. 어쩌면 기대, 희망, 바램, 노력 등 꿈꾸고 애쓰면 이루어지는 것의 결정체일 수도 있겠다.

우리가 원하는 것은 열심히 일하고 자유롭게 도전하고 마음껏 경험하며 스스로 책임질 줄 아는 것이다. 된다, 안된다. 해라, 하지 마라, 사사건건 간섭하고 통제하며 획일화로 치닫는 것이 싫어서 언제 어디서 튀어나올지 모르는 위험을 각오해야 하는 자연을 택했다. 자연을 무대로 삼아 배우와 관객 따로 없이 우리가 되어 우리가 각본 쓰고 우리가 연기하며 우리가 재미를 즐겼다.

우리만의 세계였지만 실은 사회 속에서 어울려 살고픈 저마다의 간절한 욕망이 꿈틀대고 있는 속내를 부인할 순 없다. 어차피 인간은 혼자 살 수 없는 사회적 존재이기에 연대하며 살아야 한다는 것쯤은 이미 다 알고 시작했다.

그동안 해왔던, 하고 있는 활동의 속마음은 우리의 노력을 통해 불편함과 어려움을 덜어내고 함께 살고자 했던 마음을 알아주기를 희망했던 것일 수 있다.

046. 머문 자리도 아름답게(남한강 탐사기)

7박 8일간 이루어진 남한강 탐사 중 양평의 숙영지에서 팔당 댐까지 항해하기 위해 준비 중인 대원들이다.

요즘이야 이동 화장실을 비롯해 야외활동에 물리적 환경구성이 잘 되어 있는 편이지만 당시의(1980년대 후반) 물리적 환경은 말 그대로 자연 상태에서의 배설이자 자연정화 일색으로, 자연보호라는 용어가 낯설 정도였다.

일반인들도 마찬가지지만 우리 아이들의 야외활동에서 화장실 문제는 심각하다. 특히 고정캠프가 아니라 이동캠프인 경우 설치와 관리 및 철거는 매번 반복되어야 하는, 번거롭지만 반드시 해야 하는 일상이다. 이런 친자연 자세가 '머문 자리는 머물기 전보다 더 청결하게 하고 떠난다'는 장형회의 불문율을 만들었고 오늘날까지 이어지고 있다.

숙영을 위한 장소가 결정되면 소변구와 대변구가 분리되어 가장 먼저 설치되고 가장 늦게 철수되는 구조물이 바로 이 화장실이다. 이번 남한강 탐사에서 7번의 설치와 철수가 이루어졌지만 그 누구도 화장실에 대한 불편함을 호소하는 이가 없었다. 하기야 우리 아이들과 함께하는 모든 행사에서 정리정돈 및 청소상태는 언제나 최상급을 유지하는 것이 우리 모임의 전통이기도 하다. 이 야외 화장실 설치와 관리 및 철거에 탁월했던 대표적인 사람이 일명 똥 박사로 불리던 강원도 홍천 출신의 김영진과 단국대학교 특수교육과 교수로 재직 중인 한경근이다.

화장실 위치는 숙영자 누구나 알 수 있어야 하지만 또한 누구나 볼 수 있어서는 안 되는 모호한 곳이다. 그래서 그곳은 한밤중에도 불을 밝히고 있는 나 홀로 용쓰기, 지루한 회의 피하기, 몰래 담배 피우기, 구박하는 선배 욕하기, 그리운 그 누구 생각하기를 할 수 있는 유일한 나 홀로 다방이다.

화장실 제작 및 설치를 간략히 소개하면, 먼저 숙영지로부터 평탄한 길로 20m 내지 30여m쯤 떨어진 곳에 햇볕과 시야 가리기가 유리한 곳(키 작은 나무나 야트막한 수풀이 있는)을 택한다. 화장실은 소변장소와 대변장소를 나누어 설치하되, 대변시설은 15명 정도에 하나씩은 있어야 하며 남녀의 구별을 반드시 해주도록 한다.

　야외 화장실은 되도록 바람이 불어오는 반대쪽으로 하되 취사장이나 급수 장에서 먼 곳을 선정하여 사방을 천막 포지를 이용하여 가리고, 천정은 트이게하며 출입문은 커튼 정도만 해도 무방하다. 출입문 커튼은 장애를 고려하여 가운데를 절개해서 겹치게 하여 출입이 용이하게 한다. 화장실은 반드시 야간조명 시설을 해둔다. 쪼그려 앉아 배변 보기가 어려운 이를 위한 야외 좌식변기 제작 요령은 다음과 같다.

　①적당한 크기의 땅을 파고 그 위에 디딤판을 설치한다. ②팔걸이가 있는 나무 의자의 앉은 판을 적당한 크기(20cm × 25cm)로 따낸다. ③가정용 변기의 덮개와 앉는 판(시중에서 쉽게 구할 수 있다)을 나무 의자에 고정시킨다. ④완성된 변기를 화장실 디딤판 위에 못으로 고정하거나 볼트로 단단히 부착시킨다. (변기가 움직이면 사용자가 불안해하거나 넘어지기 쉽다)

　⑤나무 의자 모서리는 사포로 잘 다듬거나 부드러운 천으로 감싸 몸에 상처가 나지 않게 한다. ⑥휴지 걸이는 반드시 마련해두어 사용자가 당황하지 않도록 한다. ⑦철거는 설치의 역순이며 배변 처리는 구덩이를 흙으로 묻고 표시를 해두어 타인이 인지할 수 있도록 한다.

047. 바닥에 붙어버린 보트(금강 탐사기)

금강 탐사 중 밀물과 썰물로 인해 강물이 빠져나가 버린 강에 붙어버린 보트를 끌어당기고 있다.

이때만 해도 바다의 밀물과 썰물에 의해 강물이 받는 영향이 엄청나다는 사실을 필자를 포함한 그 누구도 알기는커녕 짐작조차 하지 못했다.

1989년 8월에 북한강(1986), 남한강(1988) 탐사에 이어 금강 탐사 중 낙화암을 10여km 지난 상수원 아래 지점에서 전원 집합을 하고 점검을 하였다. 인원, 장비, 안전, 항해 방법 등을 전달하고 선대별 운항이 시작되어 충남 논산의 서부에 위치한 강경(금강유역에 위치한 수로와 육로를 잇는 큰 포구)근처에 오후 2시쯤 도착 후 선대별 휴식을 취했다. 뒤이어 기존의 운항 방식대로 4개 선대는 출발을 마쳤으나 2개 선대는 출발이 늦어져 강 중앙으로 진입을 시도하는 상황에서 예상치 못한 사건이 발생하고 말았다.

앞서 출항한 선대들의 속도가 좀 빠르다 싶게 느낀 순간, 그 많던 강물이 순식간에 사라지고 암갈색 강바닥이 드러나기 시작했다. 마치 거대한 괴물이 한순간에 물을 빨아들인 것 같은 광경이 펼쳐지면서 물 깊이가 30cm 정도만 돼도 뜰 수 있는 고무보트의 한계를 이미 넘어 버렸다.

거기에 더해 보트 한 척당 탑승 인원이 13-15명에 이르는 무게로 강바닥과 고무보트 밑창이 착 달라붙어 버려 오도 가도 못하는 난감한 상황에 직면하게 돼버렸다. 엎친 데 덮친 격으로 8월 중순의 불볕더위와 강한 햇볕에 얇은 반바지 반팔 차림의 탑승자 전원이 노출되는 사태가 벌어졌고 중식마저 거른 상태였다. 더 큰 문제는 밀물과 썰물의 간만의 차이로 인한 수량과 시간조차 예측 불가의 상황에서 닥쳐올 위험에 대한 불안감의 엄습이었다. 안전에 대한 불안한 마음은 시간이 갈수록 그 정도가 배가됨으로 인해 어떤 상황이 벌어질지 아무도 모르는 그야말로 백척간두에 서는 모양새가 되었다.

매번 활동 때마다 절감하는 것이지만 마음은 장수이고 몸은 졸병이라 안전에 대한 불안감은 행동에 절대적인 영향을 미친다. 거기에 선대를 책임지는 선대장의 당황한 표정과 설익은 처신은 선대원 전체를 불안에 휩싸이게 하는 결정적 요인이 된다. 따라서 선대장의 임무에 따른 지식과 경험에 의한 지혜는 아무리 강조해도 부족함이 없기에 집행부의 냉정한 선택이 매우 중요하다.

장애인과 함께하는 캠프나 등반, 사회적응 활동이나 여가활동 등 모든 프로그램은 팀별로 이루어진 경우가 대부분이기에 팀을 이끄는 사람의 역할은 곧 장수의 역할과 같다. 예를 들어 임진왜란 당시 이순신 장군이 노량해전에서 당신의 죽음을 적군이 알지 못하도록 처신한 것처럼 팀의 사기와 직결되는 것이 팀장의 역할이다. 전시도 아니고 일개 단체의 강 탐사 정도의 팀장을 성웅 이순신에 비교하는 것은 무례하기 이를 데 없다고 혹자는 말할 수 있다. 그러나 동서고금을 통해 모든 인간의 생명은 존엄하고 고귀한 것이다. 그 절대 명제에서 본다면 현재를 사는 선대장의 모습은 과거를 살다간 이순신 장군과 다를 바 없다고 생각한다.

더욱이 심신의 장애로 움직임에 어려움을 겪는 장애인과의 활동에서 위험탈출의 선택을 위한 결단의 어려움은 해보지 않은 사람들은 상상하기조차 어려울 것이다. 선대장의 경험은 이럴 때 더 빛을 발한다. 한마디로 해본 사람만의 신속한 결단이 본인과 팀원을 살게 한다.

048. 식량 보급 작전(금강 탐사기)

늪으로 변한 강에서 물길을 기다리는 것 말고는 할 수 있는 일이 없었다.

예상치 못한 썰물이 빠져 나가면서 깊이를 알 수 없는 늪으로 변한 강바닥은 다시 밀물이 들어와 물길이 생겨나길 기다리는 것 외에는 달리 할 것이 없었다. 강바닥에 달라 붙어버린 검은 보트 안에 갇힌 두 팀의 선대장과 대원들을 위한 첫 활동은 배고픔의 해결이었다. 그렇지 않아도 부족한 경비로 인해 충분치 못한 주·부식과 간식 조달로 고민하던 차였다.

급한 대로 집행부가 강경 일대 가게에서 급히 빵을 구입하였다. 그렇지만 물이 빠진 강에서 대원들에게 빵을 전달하는 것도 쉽지 않았다. 두리번거리다 발견한 널빤지 위에 빵을 싣고 체중 분산을 위해 엎드려 전진을 시도하였으나 이 또한 늪의 마찰력에 걸려 허우적대기만 할 뿐이다. 썰물로 늪처럼 변해버린 강바닥을 널빤지 위에 체중을 얹고 엎드린 자세로 양팔의 힘만으로 기어나가 허기에 지친 이들에게 먹을 것을 전해주려는 작전이 시작된 것이다.

심한 배고픔을 경험해 본 사람은 인간의 살아내고자 하는 본능이 얼마나 처절하고 애틋하며 극명한지 안다. 오죽하면 '먹고 살기 힘들다'거나 '목구멍이 포도청'이라는 말이 있을 정도로 배고픔은 일상에서 가장 기초적인 괴로움이다.

널빤지에 엎드려 식량 보급 작전을 했던 대원중에 단국대학교에서 특수교육을 전공하고 특수학교에 특수교사로 근무했던 이가 있었다. 매사에 열정적인 그는 장애인오리엔티어링에 남다른 관심과 지식을 통해 일가견을 갖춘 장애인 레포츠의 선두주자이기도 하다.

049. 잘 보고 잘 듣기(장애인오리엔티어링)

경기도 남양주에 있는 초등학교에서 국내 최초로 실시된 장애인오리엔티어링(orienteering)의 개회식 장면이다.

그 당시에도 이미 수화 통역자를 배치하여 청각장애인에 대한 배려를 엿볼 수 있다.

오리엔티어링은 독일어의 오리엔테룽스 라프(Orientierungs Lauf)에서 따온 말로 알파벳 첫머리글자를 따서 OL이라 부르고 있으며, '방향을 정하여 달린다'라는 뜻으로 현재는 영어로 명사화하여 Orienteering이란 공통어로 부른다. 오리엔티어링은 지도상에 표시된 미지의 지점을 참가자 전원이 가장 짧은 시간 내에 정해진 규칙에 의하여 찾아내는 시간 경기로써 미지의 지형에서의 방향탐지 능력과 체력을 실제 점검하여 어떠한 상황에서도 재빠르게 더욱 정확한 활동을 취할 수 있는 능력을 기르는 것을 목적으로 하고 또 두뇌활동에 의한 문제 해결력을 배양해 준다.

참가자 가운데는 방향탐지 능력이 우수한 사람과 체력이 우수한 사람이 있으므로 어느 한쪽이 유리하지 않도록 코스를 설정해야 하며, 어쩔 수 없는 경우에는 방향탐지 능력을 더 요구하는 코스를 설정해야 한다. 나이, 성별, 기술에 따라 여러 등급으로 구분할 수 있다. 장애인의 경우 장애 유형과 정도에 따라 등급을 정하고 그에 맞는 경기 규칙을 설정하는 것이 좋으며 지형의 상황에 따라 경기 규정 적용에 융통성 발휘가 요구된다. 일반적으로 오리엔티어링의 교육적 가치는 다음과 같이 정리할 수 있는데 상황에 따라 약간의 변동이 있을 수 있다.

첫째, 자연의 이해를 통하여 자연과의 친화를 도모할 수 있다. OL은 산과 들 그리고 계곡을 배경으로 행해지는 스포츠이므로 자연과 함께 호흡하면서 자연의 심오함을 이해하고 자연 속에서 자기 본연의 모습을 재인식할 기회를 갖는 일이라 하겠다.

둘째, 체력의 증진이다. OL이 꼭 광활한 산야에서만 행하여지는 것은 아니므로 가까운 산이나 들 도심지 혹은 학교 주변, 공원 등에서도 부담 없이 즐길 수 있기에 남녀노소 누구나 흥미를 가지고 참가할 수 있다. 따라서 개인의 생활 체력 증진에 도움이 될 수 있을 것이다.

셋째, 강인한 정신력과 신속한 판단력의 배양이다. OL에서 가장 우선적인 능력은 냉정하고 정확한 판단력이며, 일단 판단이 끝나면 선택한 루트를 따라 힘든 난관을 극복함으로써 강인한 의지력을 배양시킬 수 있다.

넷째, 독도법에 대한 지식이 축적된다. 지도 속에서 일정한 규정에 의하여 명시된 지형의 형태, 즉 강이나 산의 모습을 실제의 형태와 비교할 수 있는 체험을 할 수 있기에 교육적으로도 그 가치를 평가할 수 있다.

다섯째, OL은 평면상에 기록된 1차원에서 지도를 보고 오르고 내리는 2차원적인 체력과 앞으로 나아갈 코스의 방향감각의 3차원적인 두뇌 플레이로서 삼위일체를 이룰 수 있다.

이와 같은 OL의 가치를 인지한 서구에서는 초등학교와 중학교에 교과목으로 정해져 있으며, 체육대학과 사범대학에서는 필수과목으로 정해져 있으나 우리나라 학교에서는 전혀 교육이 없다. 다만 야외생활과 캠프 프로그램 중의 한 과정으로 레크리에이션 팀에 의해 OL을 극기 훈련으로 실시하고 있는 정도에 머물러 저변확대가 어려운 현실이다. 다만 군대에서는 필수과목으로 생존법의 한 과정이기도 하다.

050. 이제 출발이다(장애인오리엔티어링)

장애 유형과 장애 정도 별로 출발 시간을 달리해 시행된 OL 경기에서 지체 장애 분과의 출발 장면이다.

청명한 가을 날씨 아래 운동장은 온종일 축제의 장이자 함께한 호흡으로 가득 찬 승부 없는 경연장이 되었다. 모두가 자연과 함께한 놀이터이자 새로운 내일을 기약하는 터였다.

인간의 삶은 산과 들, 바다와 강이라는 원시 자연환경에서 시작되어 그것에 의지하고 살아왔으며 그 가운데 생존에 적합한 지리적 환경과 합리적인 도구의 사용을 통해 삶살이를 발전시켜왔다. 인류가 존재한 이후 자연은 그 자체가 인간의 삶의 터전이었다. 넓은 대지 위에서 인류는 의식주를 해결할 수 있는 주거지를 찾아 생활하면서 여가를 즐기고 자손에게 삶의 원리와 방식을 끊임없이 전하였다.

만물의 영장인 인간은 지혜로서 혹한의 겨울, 혹서의 여름, 태풍, 홍수, 심한 가뭄 등 자연환경의 변화로부터 능동적으로 대처하는 원리를 이해함으로써 생활의 안녕과 행복을 얻는 법을 터득하여 온 것이다. 가혹한 자연환경은 그 안에 사는 사람들에게는 큰 위협이며 때로는 벗어나기가 쉽지 않은 위험이었다.

거기에는 일상적으로 다치고 몸은 변형되며 기능은 쇠퇴하는 다양한 신체를 가진 소위 장애인이 당연히 존재했다. 예를 들어 사납게 추운 날씨로 인해 사람들은 동상에 걸렸고, 손가락, 발가락을 잃었고, 분쟁이나 사고로 사지와 시력이나 청력을 잃거나 두뇌에 외상을 입거나 이동 능력이 제한되는 등의 일은 분명 있었다. 때로는 질병으로 몸이 변형되기도 하고 동물사육이나 식물채집 또는 사냥 과정에서 사고를 당하기도 했으며 화살이나 칼 등의 무기에 의해 다칠 수도 있었다. 임신과 출산으로 인한 합병증은 만성통증을 초래할 수 있었고, 자궁탈출증이 생기면 여성의 이동 능력이 제한되기도 했을 것이다. 그때를 살았던 모든 몸은 그렇게 변형되고 변형될 가능성은 얼마든지 있기에 그로 인한 신체적 차이는 특별할 게 없었다. 이러한 후천적 장애가 당시에는 너무 흔했기에 장애는 죄악시되거나 배제되고 차별받는 대상이 아니라 공동체의 한 존재로서 자기 몫을 하며 살아갈 수 있었다.

장애인을 포함한 모든 사람은 기본적으로 어떤 형태든 공동체와 나눌 수 있는 재능을 가지고 있고, 공동체가 건강한 균형 속에 유지·발전하기 위해서는 사람들이 서로 그 재능을 나누어야 한다는 것을 공유했다. 다시 말해 능력의 유·무가 아니라 각기 다름을 통해 공동체에 기여했다. 또 장애인은 공동체로부터 도움을 받는 그런 상부상조의 삶이었다. 그러니까 장애를 부족함이나 모자람의 개념이 아니라 나름의 온전함으로 이해하고 옹호하였으며 별다를 것 없는 보통의 삶의 방식으로 받아들였다.

우리나라 장애 발생원인의 90%가 교통사고나 환경오염, 안전사고 등에 의한 후천적 요인이라는 연구 결과가 있다. 그럼에도 국가나 사회적 차원에서 장애 예방 교육을 실시한 적도 없는 것이 우리의 현실이다. 또 장애아의 출현은 오로지 개인과 그 가족의 문제로 귀결되기에 장애인은 여전히 보호와 시혜의 대상에 머물러 있다. 사회의 구성원이자 국가로부터 보호받을 권리자로서의 가치를 누릴 수 없는 경우가 아직도 흔하다.

051. 독도법 배우기(장애인오리엔티어링)

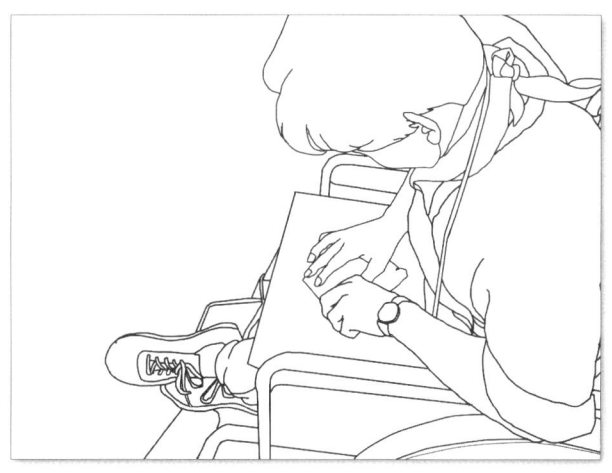

독도법에 열심인 친구는 소아마비로 붙임성 좋고 일 저지르기 잘하고 나름 삶에 애착이 강하며 남에게 지기 싫어하는 자존감도 높은 친구이다.

자연의 삶이 인위의 삶에 의해 침략당하기 시작하면서 장애인은 물론 일반인도 물리적 환경의 지배를 받는 처지에 이르렀다. 인간은 환경과의 상호작용을 통해 살아가되 특히 자연환경에 적응하는 겸손한 삶이어야 했는데 오히려 자연환경을 함부로 파괴함으로 인해 삶은 점점 더 피폐해 가는 오늘날이다. 어쩌면 2020년 전 세계를 온통 난리법석으로 만들고 아직도 진행 중인 신종 코로나19의 창궐은 인간욕망의 무한 질주에 대한 대자연의 반란이고 징벌일 수도 있다. 한마디로 아군과 적군도 없고 무기도 없으며 소리 없는 아우성으로 선악의 구별조차 없고 시도 때도 없이 인간의 목숨을 앗아가는 혹독한 전쟁을 치르는 중이다.

학교에서 지성을 배운다면 자연에서는 감성을 배운다. 지성과 감성이 상호호혜적으로 작용하며 행동을 만든다. 학습(學習)은 배우고 익히는 것이다. 그러니 남에게 배울 수는 있어도 익히는 것은 오로지 자신의 몫이니 '스스로'에 더 방점이 찍혀있다. 스스로 하는 것은 경험 혹은 체험이란 용어로 표현할 수 있는데, 이것과 관련해 경험주의 철학자이자 교육자인 존 듀이의 '교육은 생활이고, 성장이며, 경험의 재구성이자 사회화의 과정'이라고 한 그의 교육에 대한 정의를 차용하지 않을 수 없다.

경험의 영역이 작고 협소한 장애인에게 있어서 학교 내 교육만으로는 그들의 학습 본능을 자극하고 잠재력을 발현시키기에는 한계가 있다. 학교에서 배우는 것(주입되는 것)은 과거에 쓰였던 메마른 지식(지성, 이성)의 전달중심이기에 현재의 상황에서 느끼는 생생한 감성(감정, 느낌)을 자극하기에는 부족하다. 경험은 지식과 감성으로 엮어진 행동을 통해 축적되고 축적된 경험들은 세상에서 발생한 상황에 대해 적절한 문제 해결력 즉, 쓰임새 있는 지혜로 작동하여 성장을 계속한다. 장애인을 포함한 모든 사람의 마음은 배움에서 비롯되고 생성되며 정리되는 현재 진행형이다.

사진의 주인공은 양하지 마비로 휠체어를 타지만 안 가는 곳이 없을 정도의 왕성한 활동력 소유자다. 삼육재활학교 학창 시절 그는 자유 분망했고 학교 측에서 볼 때는 요주의 인물이기도 했다. 나와의 시간차는 있었지만 형태는 별반 차이가 없어 당시 학생 생활지도를 맡았던 나에게 이성과 감성을 동시에 자극해준 녀석이다. 그래서 기꺼이 주례를 맡았었고 잘 먹고 잘 싸고 잘 자며 잘 노는 가정을 꾸리라는 취지의 3-4분 정도의 주례사를 즉흥적으로 했던 기억이 있다.

　비교적 날씬한 상체임에도 근력과 지구력 그리고 상황판단력이 뛰어나 그를 도와 함께한 자원활동가들 사이에서도 나름 인기가 있었으나 제 주장이 워낙 강해 불협화음이 일기도 했다. 그러나 해내고 말겠다는 열정과 끈기는 매우 높이 살 만했다. 특히, 그는 1995년 장형회가 실시한 광복 50주년 기념 5대 산 동시 등반 축제(한라산, 지리산, 설악산, 소백산, 백두산)에서 백두산 팀 멤버로 참가해 백두산 천지를 기어서 올랐고, 휠체어를 탄 채 하산해 당시에 유일무이한 기록보유자였다.

　등반 당시 그의 주 보조자로 활동했던 이의 말에 따르면 그의 핸드워킹 속도와 거리는 타의 추종을 불허할 만큼 일정하고 그 길이 또한 만만치 않아 보조자가 더 지친다고 토로할 정도였다. 그가 한번 엎드려 양팔로 걷는 핸드워킹을 시작해서 쉬는 곳까지 거리는 대략 50m에서 60m 정도인데 이런 거리와 속도는 평지나 내리막보다 오르막 경사에서 더욱 빛을 발해 그의 등장은 타인들의 시선과 감탄을 자아낼 만했다. 아울러 그의 이런 모습은 함께한 장애인등반팀을 으쓱하게 하기도 했고 팀별 사기진작에도 일조하기도 했다.

자신은 절대로 장애를 무기로 쓰지 않는다는 자신과의 약속을 철저히 지킨다는 말을 몇 번이고 되풀이하는 그의 당찬 목소리가 귀에 생생하다.

052. 자, 다음 목적지는?(장애인오리엔티어링)

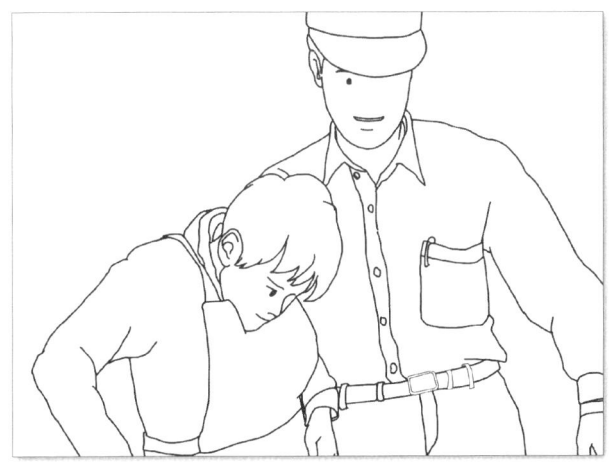

운동기능과 자세 유지에 어려움이 많은 뇌성마비 장애인의 오리엔티어링에 보조자로 동행한 자원활동가의 진지한 모습에서 함께하는 사회의 참모습을 발견할 수 있다.

우리가 은연중에 외면하고 무시한 사람들의 고통과 외로움이 무엇인지 느껴볼 수 있어야 한다. 조금 다르다는 이유로 차별당하고 관심의 사각지대에 놓인 이웃의 마음을 이해할 수 있는 동행인이 되어보자. 그들과 함께해 봄은 결국 서로의 자신을 가꾸는 것이다. 장애인에 대한 사회편견이나 태도의 개선은 자원봉사 경험의 유·무와 장애인 접촉 경험 유·무에 좌우된다.

장애인과의 동행 중 그를 돕는 데에는 반드시 지켜야 할 에티켓이 있다. 우선 장애인을 한 인격체로 인식해야 한다. 이것을 위해서는 일반인의 의식 변화 및 생활환경의 변화가 절대적으로 필요하다. 그 변화를 위해서는 장애인 자원봉사활동 영역은 직접 활동뿐 아니라, 장애인이 하나의 생명체로서 인간답게 살 수 있게 만드는 데 관련된 전 영역으로 확대되어야 한다. 즉, 직접 활동 이외에 정책이나 사회 인식의 변화를 유도하는 사회운동 및 교육프로그램의 개발, 지역 단위 후원회 등으로 확대되어야 한다.

그리고 자신이 처해 있는 위치에서 최대한 자신의 자원을 활용하여 활동하는 것이 중요하다. 여기에는 무엇보다도 강한 동기가 필요하며 이를 뒷받침해 줄 수 있는 훈련 및 교육이 주어져야 한다. 그리고 이어서 자원활동의 기회가 주어져야 한다.

아직까지 우리나라의 장애인 복지 수준은 그동안 국가나 사회의 노력에도 불구하고 당사자들의 만족도는 그리 높다고 할 수 없는 현실이다. 장애인 복지의 최종목표는 사회적 통합이다. 따라서 이를 위한 자원봉사자의 역할과 활동은 매우 중요하며 전인적 기능을 수행할 수 있어야 한다.

※자원봉사활동

자원봉사 활동은 아래와 같이 하는 것이 좋으나 상식선에서 선택한다.

자원봉사는 나 자신이 아니라 남을 우선으로 생각하는 마음이며, 이 마음이 행동으로 옮겨진 것이 자원봉사활동이다. 따라서 도로의 신호를 지키는 일이나 양보 운전 등은 모두가 자원봉사 활동이다. 사람으로서 책임이나, 자유에 대한 대가, 인간으로서의 해야 할 당연한 책임, 혹은 그저 내 마음을 기쁘게 하고 내 가족을 위하며 내가 속한 공동체를 위하는 작은 일로 생각하면 자원봉사는 그렇게 어려운 일이 아닐 것이며, 망설이거나 어렵게 생각하지 않는 작은 행동으로의 실천이 자원봉사의 힘이다.

◎ 자신이 관심 있는 일부터 시작한다.

사람은 각자 자신이 잘하고 좋아하는 영역이 있기 때문에 흥미를 가지고 오래 지속적으로 활동하기 위해서는 관심 있는 영역부터 시작하는 것이 좋다.

◎ 자기주변에 가까이있는 일부터 시작한다.

자원봉사활동의 변동 상황을 쉽게 파악할 수 있고, 활동을 위해 이동하는데 소요되는 시간과 비용을 최소화할 수 있기에 자신의 생활근거지 주변에 있는 봉사활동을 선택하는 것이 좋다.

◎ 상대방이 필요로 하는 활동을 해야 한다.

자원봉사자는 항상 입장바꾸어 보기를 생활화하고 상대방이 도움받기를 원하는 경우에 도움을 주어야 한다.

◎ 자원봉사활동은 지속적이고 일관성이 있어야 한다.

자원봉사활동의 효과는 대개 장시간이 경과 한 후에 나타나게 되며, 상대방과의 관계 형성에서도 지속적인 활동 가운데 신뢰를 쌓아 원만한 활동을 이루어가게 된다.

◎ 약속은 반드시 지켜야 한다.

자원봉사활동은 자원봉사자와 자원봉사활동을 필요로 하는 사람(기관)과의 관계이므로 만약 약속을 지킬 수 없는 상황이 발생하였을 경우에는 빨리 관련자나 기관에 연락하여 활동의 공백을 최소화해야 할 것이다.

◎ 겸손한 태도와 감사하는 마음을 가져야 한다.

자원봉사자는 자원봉사활동을 통해 삶의 풍요로움과 보람, 나눔의 기쁨을 맛보게 되므로 감사의 마음을 잊지 말아야 한다.

◎ 활동 중에 알게 된 비밀은 반드시 지켜야 한다.

자원봉사자가 오랜 기간 사회복지관에서 활동하게 되면 기관의 업무나 사회적 약자에 대한 비밀을 알게 되는 경우가 많다. 이런 경우 사생활 보호 차원에서 그 비밀을 지켜주는 것이 자원봉사자의 도리이다.

053. 한번 해 보자(장애인오리엔티어링)

폴리오 바이러스에 의해 대부분 하체가 마비되는 지체 장애·소아마비 장애를 지닌 이들의 역주 모습이다.

　소아마비(Polio)는 척수나 뇌 속에 있는 신경조직을 공격하는 폴리오 바이러스(Poliovirus)에 의한 감염증으로 심한 근육의 약증, 경련, 완전마비 또는 골격기형을 나타낼 수 있다. 1985년 이후 우리나라에서 소아마비 발생은 찾아보기 힘든 질병이다. 백신의 발명과 예방 접종의 결과지만 아직도 경제적 후진국에서는 발생빈도가 높은 전염병의 일종이다.

지체장애인의 학습능력은 장애 유형과 정도가 너무 다양하여 인지 능력이나 학업성취를 일반화하기 어렵다. 신체적 능력에만 결함이 있는 지체장애인은 일반인과 마찬가지로 인지 능력이 다양하게 나타난다. 그러나 중복장애를 가지고 있는 경우에는 여러 가지 어려움을 가질 수 있다. 또, 장애로 인해 수술과 입원을 할 경우 학습 동기가 저하되고 사회·정서적으로 어려움을 보이는 경우도 있어 다양한 사람들의 도움이 필요하다.

지체장애인은 중추신경계, 근육 및 뼈, 관절 등의 부상이나 질병으로 장기간 일상생활이나 사회생활에서 자기 혼자 보행하는 것이 곤란한 상태에 있는 등의 운동기능 장애를 동반한다. 최근 지체 장애는 단일장애보다는 인지 및 감각장애 등의 중복장애가 상대적으로 증가하고 있어 이에 대한 교육적, 직업적, 물리적, 환경적 지원 및 일상생활에 필요한 공학적 지원에 대한 대비가 필요하다.

지체장애는 크게 정형외과적 장애와 신경학적 장애, 그리고 외상성 장애로 나누고 있다. 정형외과적 장애는 구개골, 관절, 근육, 근골격 이상으로 인한 운동 기능상의 장애를 나타내는 것이고, 신경학적 장애는 어떤 신체 부위를 움직이거나 무엇인가를 조작하거나 느끼거나 제어하는 능력에 영향을 미치는 중추신경계의 이상으로 인한 장애이다. 또한 외부 손상에 의한 장애 등으로 구분할 수 있다.

지체장애영역의 다수를 차지하고 있는 중추신경계 문제로 인한 뇌성마비인(뇌병변장애)은 정상이거나 그보다 높은 지능을 가지고 있을 수 있고, 경도 지적장애나 중증 지적장애를 동반할 수 있으며, 청각장애나 시각장애 등 감각장애의 중복장애를 지니고 있어 새로운 정보를 받아들이고 처리하는 데 어려움을 갖게 될 수 있으므로 세심한 주의가 요구된다. 과거 뇌성마비는 천형으로 불릴 만큼 중증이 많아 부정적 장애인 관의 대표적 희생 대상이기도 했다. 그러나 정상 지능이고 학습 동기도 높지만 상대적으로 학업성취가 낮을 수 있기 때문에 인지보다는 환경에 역점을 둔 접근 방법이 유용하다.

모든 장애영역과 장애정도를 불문하고 그들과 함께하는 활동의 기반은 개인의 자유를 최대한 존중하는 것이다. 곧 자기 스스로 선택하고 실천하며 재미를 느낄 수 있도록 환경을 제공하는 것이고, 그 다음에 추임새를 넣어주며 함께하는 즐거움의 공유를 통해 서로 행복한 이야기를 하자는 것이다. 적거나 짧거나 충분치 못한 행복이라도 서로 나눌 수 있는 아주 단순한 이야기라도 좋다. 그 이야기에 내가 참여할 수 있고 반대로 그 이야기가 내 삶에 들어와서 에너지로 전환될 수도 있고, 나의 경험이 그 이야기에 보태져서 또 다른 이야기로 파생되어 새로운 활동에 돌입할 수도 있다.

이러한 이야기 속에는 평범한 사람들 각자의 인생 체험과 체취가 한곳으로 녹아들어 있다. 보통의 생활이 일상화된 평범함에서 우러난, 특별하지 않지만 특별한 삶의 지혜에서 비롯된 이야기의 총합이 되는 것이다.

054. 좀 불편하지요(장애인오리엔티어링)

장애인오리엔티어링에 참가한 장애인 대원의 경기 모습이다.

휠체어 농구 국가대표 출신인 그는 미국 오하이오 주립대학에서 장애인 체육 석사과정을 전공하고 국내 용인대학교에서 박사학위를 받아 이론과 실제를 두루 섭렵한 우리나라 장애인 체육계의 인물이다.

1988년 서울올림픽과 장애인패럴림픽의 개최는 우리나라 장애인체육을 비롯해 교육, 직업, 의료 등 장애인 복지 전반에 걸쳐 획기적인 발전을 이루게 하는 기폭제가 되었다.

그중에서도 장애인체육의 발전을 조금 과장하면 눈부신 발전이라 할 만큼 비약적이었다 해도 과언이 아닐 것이다. 다만 엘리트 체육에 너무 치중하다 보니 선수층이 좁고 범위도 협소했다. 상대적으로 이용자 수나 적용의 폭이 넓고 다양한 생활체육에 대한 논의나 배려가 부족했던 것도 사실이다.

장애인체육의 근본 목적이 체육을 통한 생활역량 강화로, 지역사회의 일원으로서 역할을 하며 자아실현을 추구하는 것이라고 한다면 그 범위가 일부 소수 층이 아니라 다수를 위한 공공의 선으로 진전되어야 할 당위성이 있어야 한다.

요즘 전국적으로 150여 개의 반다비 체육센터 건립이 활발하게 이루어지고 있다. 2018 평창동계패럴림픽의 유산으로 장애인 생활체육 활성화를 위한 시설로 생활권 내에서 장애인들이 체육활동을 통해 건강 증진에 도움을 받을 수 있게 한다는 목적으로 건립되고 있다. 이 시설은 장애인이 우선으로 사용하되, 비장애인도 함께 이용하는 사회통합형 체육시설이다. 일상 가까운 곳에서 장애인과 비장애인이 스포츠로 함께 어울리는 공간을 목표로 하고 있다.

055. 지지와 옹호의 스크럼(적설기 한라산 등반기)

한라산 백록담 정상에서 장애 등반대원과 그를 보조하는 활동가의 모습이다.

1991년 1월 정기 산행인 적설기 한라산 등반 전전날, 심한 폭설로 전문가 외에는 입산 금지조치가 내려진 상황이었지만 1년간의 연습산행준비와 우리 아이들의 노력을 헛되게 하고 싶지 않아 밀어붙인 등반이었다.

특히 뇌병변으로 인해 운동과 자세에 문제가 심한 사진 속의 아이는 공포와 불안과 갈등의 발걸음이었다. 자기 스스로 일어서기는 물론 서서 중심

잡기조차 어려움에도 불구하고 이동은 필수인 등반이다. 산길 특유의 고르지 못한 빙판과 눈이 쌓여 있는 오르내림 길과 거센 바람과 장애로 인한 느린 속도는 겨울철 등반 최대의 적인 맹렬한 추위에 그대로 노출될 수밖에 없었다. 그래서 두 발이 아니라 온몸으로 산을 올라 정상에 선 그의 눈물은 감동이었다.

우리 아이들에게 너의 장애를 인정하고 달려들어야 너의 인생을 제대로 살 수 있다고 말했다. 그리고 불편한 사회를 마주하게 하기 위해 두려움과 불안과 갈등을 온몸으로 견디어 내야 하는 자연으로 뛰어들었다.

인생이 값나가는 것은 어떤 조건이 아니라 인생의 개별성 때문이다. 발달이 불균형하고 지체되어 있으며 잠재력과 성취력에 있어 차이가 큰 우리 아이들이기에 그 개별성은 참으로 유별나다. 한 인간으로서의 독특한 자기 가치를 인정할 수 있도록 지지하고 지원하며 옹호해주는 것이 그 아이의 인생을 가치 있게 해주는 것이다. 그러고자 한 것이 자연 속으로 뛰어들어 모험을 감행하고 두려움을 이겨내고 그 결과로 환희와 행복을 느끼고자 했던 자연 활동이었다.

사진 속의 아이처럼 정상에 홀로서기란 그리 쉬운 일이 아닐뿐더러 불가능에 가까운 일이다. 이 세상 또한 마찬가지다. 그 사람이 우뚝 설 수 있었던 것은 그 사람의 뒤에 있는 수많은 사람의 지지와 옹호와 지원과 염원들이 스크럼을 짠 채 버티고 있기 때문이다.

그렇게 만들어진 스크럼의 든든한 부분이었던 이가 사진 속 활동가님으로 생활관 운영자 역할을 했던 분이다. 통칭 이모로 불리며 음식 솜씨 좋고 우리 아이들 다루는 매너도 최상급이며 매사에 맺고 끊는 것이 분명하면서도 정이 철철 넘치는 사람이었다. 생활관에서 생활하던 우리 아이들은 말할 것도 없고 특히 보이스카우트 575대 부대장들 모두는 이분의 신세를 지지 않은 이가 없을 정도다. 타인과 사회의 아픔에 공감해주고 위로해주기를 마다하지 않았던 사람이다. 우리 모두에게 겸양의 미덕을 베풀다 가신 그분의 영원한 안식을 기원한다.

056. 에고, 차가워(적설기 한라산 등반기)

적설기 한라산 등반에서의 즐거웠던 한 장면이다.

　장애인들과 활동하다 보면 자원활동가들이 마음에 드는 장애인을 선호하는 것처럼 장애인 역시 마음에 드는 자원활동가를 선호하는 경향이 종종 있게 된다.

　이런 경우가 좀 더 발전하면 소위 썸 탄다는 표현의 단계에 이르게 되는데 이 때문에 활동의 참여도가 의외로 높아지거나 낮아지거나 심하면 아예

발길을 돌린 경우도 있지만, 역기능보다는 순기능이 더 많았다. 장애인을 비롯한 모든 사람의 세상사에서 남녀 간의 문제는 필연이자 삶의 근원일 수도 있기에 그동안 장형회 활동 중 만나 결혼하여 가정을 꾸리고 자녀를 양육하는 커플들이 상당수에 이른다.

인간의 감각을 통해 전달된 느낌은 움직임을 통해 구체적 행동으로 나타난다. 즉, 감각 운동은 감각기관을 통해 받아들여진 감각을 운동적인 활동으로 나타내는 것인데 이 양자 간에는 밀접한 관계가 있다. 직접적인 감각과 운동을 경험함으로써 주변 사물을 감지하고 개념을 형성할 수 있다.

감각에 손상이 있거나 인지능력이 저하되면 순조로운 감각 운동 기능이 형성되지 않는다. 감각기관을 통해 얻어진 경험들은 사고를 통해 입수된 정보를 조직하고 명료화하고 문제해결을 위한 제반 인지 과정의 참여를 요구하는 통합적인 활동 전체를 말한다. 오관을 통해 얻어진 감각들은 머릿속에서 예전에 얻어 저장되어 있는 기존의 정보들과 새롭게 얻어진 정보 간의 연결, 분리, 융합함으로 재조직하여 일정한 지식이 형성되면 이것들을 대근육 운동이나 소근육 운동 혹은 표정, 언어 등의 형태로 표현하게 된다. 이러한 감각운동 기능을 발달시키기 위해서는 주변의 사물을 만지고 보고 듣고 느낄 수 있는 다양한 기회 제공과 적절한 시기에 적절한 언어를 연결시켜 개념형성을 돕는 것이 필요하다.

활동에 있어 이론보다는 실제를 중요시하고 가능하면 현장에서 보여주고, 경험하게 하며, 기회를 주어, 선택하게 하고, 기다려 주며, 격려해 주는 방법을 택한 이유 중 하나는 바로 장애인들의 잠재적 감각 운동기능을 발현시키고자 하는 것이었다.

057. 조금만 더 힘을 내자(적설기 한라산 등반기)

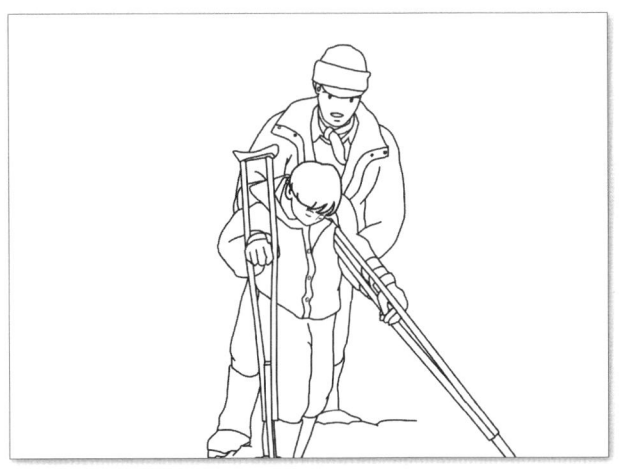

한라산 적설기 등반 중인 장애인 대원과 그를 보조하는 활동가의 모습이다. 그들의 걸음걸음은 백설을 녹이며 아이의 전진에 추임새를 넣어 주고 있다.

아이의 한 발자국을 위해 6개의 발이 뒤따르고 그 전후로 장비들을 미리 져 나르는 일명 포터들까지 합치면 대략 10개의 발이 동행하는 동계산행이다. 아이의 경우는 핸드워킹도 쉽지 않아 오로지 같이 밀고 당기고 하며 오른다.

자세 유지와 중심이동이 어려운 뇌병변 장애인의 경우 가능하면 본인이 자세 유지와 중심이동을 할 수 있도록 지원하는 것이 중요하다. 예를 들면 미끄럼 방지를 위해 장애 당사자의 목발이나 팔, 다리 또는 견인 줄을 끌어당기거나 미는 것이 아니라, 지지점에 다른 대원의 발이나 손, 스틱이나 기타 물건으로 밀리지 않게 받쳐주는 정도가 무난하다.

등반을 비롯해 장애인과 함께하는 모든 활동의 기반은 장애 본인의 자기주도력을 최대한 보장해주는 것이다. 물론 안전을 최우선으로 하지만 안전을 이유로 서두르거나 조바심을 내게 하면 재미가 아닌 의무나 사명감을 위한 것처럼 되어 버릴 수도 있고 결국 지속성과 일관성을 상실한 일회성 행사가 될 수도 있다. 흔히 말하는 극기 훈련의 장이 되어버리는 셈이다. 솔직히 과거 활동 중 이런 측면이 강했던 것도 사실이었지만 이제는 극기가 아니라 재미를 목적으로 한 레포츠의 한 방법으로 여가문화의 생활화로 자리매김 중이다.

사진에는 안 보이지만 일행 중 맨 뒤에 위치한 보조 활동가의 오른손에 노란 슬링(끈)에 매달린 빨간색의 플라스틱은 하산 시 매우 유용하게 쓰일 썰매다. 산행에 웬 썰매인가 싶겠지만 수년간의 등반에서 체득한 경험의 산물이다. 사실 장애인의 등반에서 오르는 것보다 내려가는 것이 더 힘든 경우가 많다. 특히 적설기 등반은 체류 시간이 길면 길수록 체력의 저하로 인한 저체온증에 시달릴 확률이 높기에 하산은 가능하면 빠르게 진행하되 일몰 전에 끝내야 하는 것이 원칙이다. 아울러 적설은 낙상 등의 부상 위험을 완충시켜주고 지형에 따라 미끄럼을 활용해 신속한 이동이 가능하다는 장점도 있다.

다만, 주변 경치를 감상하고 나름의 정서를 즐길만한 여유가 충분치 못하다는 단점도 있으나 경중을 따지자면 장점이 더 많다고 할 수 있다. 물론 폭설시 러셀(눈을 다져 길을 내는 일)이나 안개로 인한 시야의 미확보와 잘못된 방향 설정으로 인한 조난 위험 등에 대한 대비책도 강구 해야 하며 등반대원 모두의 체력 및 체온관리 또한 간과할 수 없는 동계산행의 안전관리 수칙이다.

058. 하느님, 살려 주세요(적설기 한라산 등반기)

적설기 한라산 등반 중 폭설과 운무, 세찬 바람 등의 기상악화로 백록담 등정을 포기하고 하산하는 길이다.

안개가 가득 찬 눈밭에 레셀로 난 눈길을 따라 일렬로 늘어서 걷거나 미끄럼을 타고 내려오고 있다. 쌓인 눈이 워낙 많아 겨울철 등반의 필수품인 아이젠조차 쓸모가 없고 올려치는 강풍으로 눈뜨기도 힘들어 앞사람 뒷꽁무니를 따라가는 수밖에 없다 보니 마음마저 조급해져 추위 대비가 소홀해진 대원들이 속출했다. 쉴새 없이 몰아치는 눈보라가 대낮의 햇빛을 가려

어둠침침한 광경에 괴상한 바람 소리와 맹렬한 추위 그리고 눈을 뒤집어써 괴물 같은 형태의 나무까지 묘한 분위기가 연출된 상황이다.

겨울 산의 악천후는 흔히 눈과 바람과 어둠과 안개 속에서 밀려오는 극심한 추위와의 싸움이다. 피로에 지치면 강추위 속에서도 잠이 쏟아지게 마련이고 버티지 못하면 동사하기 일쑤다.

어리목 산장을 출발해 2시간 남짓 후부터 내리기 시작한 눈발은 선두 조가 윗세대피소에 도착할 때까지 계속 내렸다. 후발대는 아직도 오르는 중에 어둠은 이미 내려앉은 데다 강풍까지 동반한 눈보라는 그 기세를 점점 더하고 있는 와중에 무겁고 음울한 분위기를 깨버리는 일이 벌어졌다.

성장 장애로 키가 작은 장애 대원 아이가 갑자기 두 무릎을 꿇고 두 손을 모으더니,

"하느님, 제발 살려 주세요, 네?"

라며 큰소리로 기도를 올렸다. 그 소리가 어찌나 컸던지 일순 대피소 안에 정적이 흐르다 와-하는 함성과 함께 웃음 폭탄이 터졌다.

예기치 못한 날씨의 급속한 변화에 불안과 공포를 느끼는 것은 누구나 같다, 다만 안 그런 척하는 정도의 차이가 있을 뿐이다. 아이의 솔직한 심정 표현이 오히려 주변 사람들의 마음을 대변해주었기에 웃음으로 화답함으로써 팀의 결속을 다지는 기회가 되었고 매사는 마음먹기에 달렸다는 말이 새삼스러워지는 순간이기도 했다.

059. 새로운 모험(한라산 적설기 등반기)

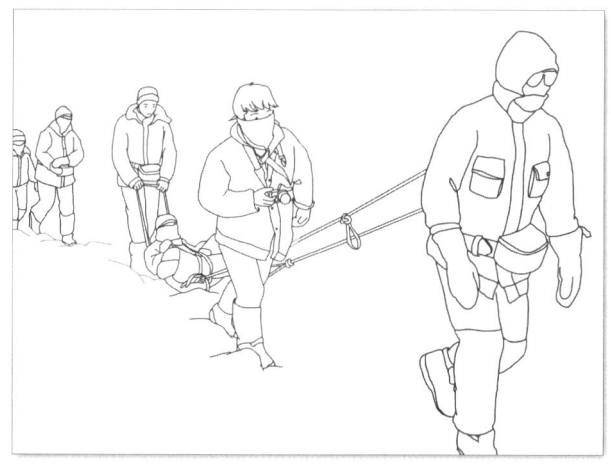

그 즈음 일본 대학에서 장애인체육 석사과정을 공부하고 있는 학생을 통해 일본 대학의 교수 그리고 한인 카톨릭 교회의 신부에게 후지산 등반 협조 가능성을 타진하고 있었다.

악천후로 백록담 등반은 포기하고 하산하면서 내 머릿속에는 이미 내년 여름 일본 후지산 등반을 꿈꾸고 있었다.

우리 아이들에게는 눈치 보지 않고 자신의 감정을 드러낼 곳이 필요하다. 울든 웃든 생 지랄발광을 하든 거리낄 것 없이 제멋대로 난리 치고 또 치다 지칠 수 있는 그런 곳이 필요하다. 잠시라도 비교되고 비유되며 우열 없이 오로지 그의 온전함만이 그득한 곳. 꿈이 아닌 실제의 그곳은 자연이다. 그것이 한국이든 일본이든 다를 바 없다. 자연은 자연일 뿐이므로.

우리 아이들 교육에서 주목해야 할 감정 중 하나가 분노이다. 분노는 자기가 작아졌다고 느낄 때 나오는 대표적인 감정표출이다. 이때의 감정은 자존감을 지키고자 하는 열정의 표현일 경우가 많다. 우리 아이들도 나름의 자존감이 있고 그 자존감을 지키기 위해 최선을 다한다. 다만 그 표현방법이 일반적이지 않기에 그 중재 방법이 반복과 기다림의 연속이라는 점이 다를 뿐이다. 그래서 특수교육이다.

따라서 우리 아이들 교육의 관건은 지적 성장 못지않게 자존감을 키우는 정서적 성장이 매우 중요하다. 하워드 가드너의 다중지능이론의 핵심은 인간에게는 우월적인 중요성을 갖는 여러 가지 지능이 내재하고 있다는 것이다. 자신에게 내재 된 지능 중에서 뛰어난 지능을 강화함으로써 각자의 몫을 성장시켜야 한다는 것처럼 사람은 누구나 재능이 있다.

즉, 쓸모없이 태어난 사람은 아무도 없다. 세상에는 나만이 할 수 있는 내 몫이 있고 그 몫의 삶을 사는 것이 나의 몫이라는 자존감 육성이 필요하다. 타인의 평가에 나를 비교할 것이 아니라 이미 내가 가진 나만의 재능을 온전히 발휘하며 살 수 있는 나의 성장을 도모할 수 있어야 한다. 그래서 교육은 경쟁의 대상을 키우는 일이 아니라 이 세상에 단 하나밖에 없는 소중한 존재를 지원하고 지지하며 옹호하는 일이다.

060. 더 오를 곳이 없다(한 · 일 합동 후지산 등반기)

한·일 합동 후지산 등반 중 일본 최고봉 정상에서 태극기를 펄럭이며 신나 했다.

후지산의 등반 배경은, 장애인 등반 문화의 정착이었다. 1982년부터 조직되어 꾸준히 실시된 장애인 등반은 한라산 등반을 정점으로 설악산, 지리산, 소백산, 덕유산, 한라산, 태백산의 적설기 등반과 인수봉 암벽등반까지 해낼 수 있는 기량을 쌓아왔다. 이제까지의 등반은 지체장애인만을 대상으로 실시되어왔으나 3년 전부터는 정신지체와 시각 및 청각장애인까지 그 범위가 확대되어 장애인의 등산 문화로 정착되었으며 대한 산악연맹에 장애인 등반대를 따로 가입할 준비를 마치고 있다.

등반 목적은, 장애 개개인의 정신 재활 차원에서 지금까지 실시되었던 극기 훈련 형식의 사회적 한계성을 극복하고, 민간차원에서의 한·일 장애인 간 상호 교류를 실시하며, 장애인에 대한 일반 인식을 제고하고, 각기 다른 장애 영역 간의 이해와 협동심을 고취 시키는 것이다.

이에 따른 등반 의의는, 재활 교육적 의의로 일본 최고봉인 후지산 등반을 통해 '하면 된다'는 재활신념을 확고히 하고, 400만 장애 본인과 그 가족 및 일반인에게 재활 의지의 강한 성취감을 부여함으로써 장애인 재활교육의 현실화를 꾀하고자 한다. 사회적 의의는 장애인으로 하여금 새로운 세계에 접하게 함으로써 사회활동 영역의 시야를 확대하고 후지산 원정 등반을 통한 국민적 관심을 유도시켜 장애인에 대한 인식을 보다 새롭게 고양하여 장애인 재활의 토대를 확고히 한다.

상호 교류적 의의로는, 언어와 풍습 및 사회환경이 다른 일본 장애인들과의 등반이란 매개를 통한 순수한 교류로 장애인 현실을 이해하고, 향후 국제간 장애인 교류의 기반으로 삼아 개방화의 시대조류에 부응하고, 민간 외교적인 차원으로써 국가정책에 일조하며, 인류애를 토대로 한 장애인 의지를 확인하는 것에 있다.

상기 내용은 당시의 나로서는 최선을 다해 작성한 기획서 중에 일부다.

당시 기획서 작성부터 후원처 물색, 예비산행, 관계부처 협조, 방송국 섭외 등 거의 모든 것을 혼자서 북 치고 장구 치고 하느라 학교 수업은 제대로 하지 못했던 것도 사실이다.

자나 깨나 머릿속에는 온통 후지산 등반으로 꽉 차 있어 하나밖에 없는 딸과 오로지 나만을 위해 헌신하는 아내의 고된 삼 고충(아내, 엄마, 며느리)의 삶은 거들떠보기는커녕 관심조차 없었다. 오죽하면 이사 가는 전셋집을 찾지 못해 아파트 주변을 빙빙 돌다 나를 찾아 나선 집사람 덕에 겨우 찾아 들어갈 수 있었던 가슴 시린 기억도 있었다. 언젠가는 이사 가야 할 집 전셋돈의 절반을 배낭에 넣은 채 장애인 행사에 참가해 버리는 바람에 집사람을 애태우게 한 적도 있었다.

그랬던 나를 아는 선·후배들 중에는 아직도 쫓겨나지 않고 사는 내가 신기하다고 놀리는 이들도 적지 않다. 솔직히 세상에 하나밖에 없는 내 아내에게 고맙고 감사하며 다시 태어나도 함께 살고 싶지만, 집사람은 어떨지 감히 묻기조차 두렵다.

061. 힘내라(한·일 합동 후지산 등반)

한·일 합동 후지산 등반 중인 소아마비 장애대원이 일본 측 자원봉사자들과 8합목 산장을 향하고 있다.

　후지산 등반의 한국팀 참가자 대원은 시각장애 2명, 지적장애 2명, 청각장애 2명, 지체장애 5명등 25명과 일본팀 30명으로 총 55명으로 이루어졌다.
　지금도 기억에 남는 것 중 하나가 이동식 화장실을 짊어지고 등반을 했던 일이다. 당시의 상황에서 산장에는 고정된 화장실이 있으니 별 대수롭지 않게 생각했었는데, 후지산으로 출발 전 회의에서 한 대학의 교수의 강력한 주장을 실천에 옮긴 것이다.

처음에 그 교수의 엉뚱한 주장에 대해 뜨악하게 여겼던 우리 일행에게 참가자의 대소변 시 타인의 시선을 차단하여 심리적 안정감을 주어야 한다는 것과 자연보호에 대한 경각심은 장애인도 예외가 아니라는 그의 설명에 고개를 끄덕일 수밖에 없었다. 장애인 등반에 관한 한 나름 일가견이 있다고 여겼던 나를 포함한 우리 일행에게 장애인에 대한 구체적이고 실용적인 생활기술을 배울 수 있었던 기회였다.

애써 지고 올라간 이동식 화장실은 한 번도 사용해보지는 못했지만 아무리 작은 것이라도 개인보다는 사회를 생각하는 공동체 의식을 제대로 배웠다. 천 리 길도 한 걸음부터라는 속담처럼 후지산 입구부터 한 발자국 한 발자국씩 내디딘 결과 이곳 7합목에 도착해 다시 8합목을 향하는 아이의 발자국에서도 배운다.

062. 스스로 닿기(한 · 일 합동 후지산 등반)

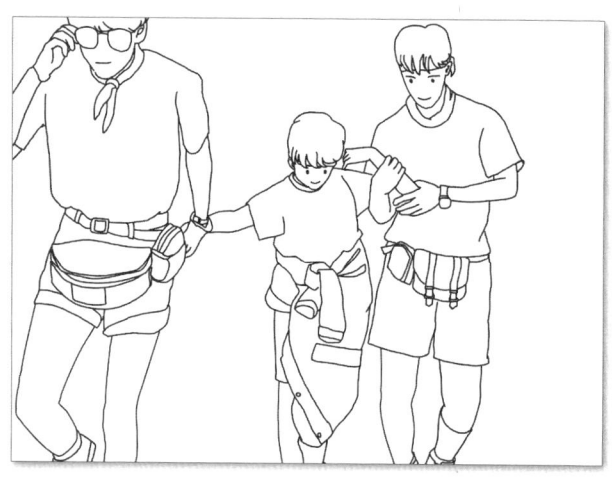

한·일 합동 후지산 등반 중 장애 대원이 6합목을 오르고 있다.
아이는 붙임성과 끈기가 대단해 선발된 케이스다.

사실 그 아이의 경우 평지에서의 자가 보행이나 위험 대비 기능이 상당히 어렵고 힘든 상태여서 대원 선발에 고민이 많았다. 그럼에도 선발하게 된 배경에는 아이 엄마의 과감한 결단력과 자기 자녀에 대한 믿음 그리고 동행하는 사람들에 대한 신뢰가 바탕이 되었다.

장애인 등반에서 최우선 하는 것이 안전이다. 그 안전의 기반은 장애 당사자의 자체 안전 기술습득 여부와 그에 따른 장비의 소요량 및 지원인력 수급이지만 그 무엇보다 중요한 것은 장애 당사자의 하고자 하는 의욕과 열정이다.

　아이의 의욕과 열정은 북한산 연습 산행에서 드러났다. 당시 연습 산행은 북한산 도선사 입구에서 출발해 깔딱고개를 넘어 인수 산장을 거쳐 백운산장을 지나 오로지 암벽길인 백운대 정상의 태극기 바위에 손을 대고 다시 오던 길을 되돌아가는 코스였다. 아이의 기우뚱으로 일관된 등반 동작이 수없이 반복되었다. 이윽고 도착한 백운대 태극기 바위 3-4m 앞에서 모든 보조자를 떨쳐내고 혼자서 태극기 바위에 손을 대도록 했다. 이제까지의 등반 활동에서 정상 도착은 항상 모든 보조자를 떨쳐내고 장애 당사자 스스로 설 수 있도록 한다는 원칙이 있었기 때문이다.

　그 아이의 힘겨운 도전 모습을 보는 사람들 중 일부는 혀를 차거나 함께 하는 보조자를 싸늘한 시선으로 바라보기도 했다. 그 시선을 느끼면서도 견뎌야 하는 보조자들의 고충 또한 그리 만만한 일이 아니었다. 거기에다 오래 살라고 대놓고 욕하는 자상한(?) 분도 가끔 있었지만 개의치 않았다. 나를 작게 만드는 사람에게 나를 판단할 전권을 주지 말자. 나는 다른 사람의 평가에 관계없이 온 세상에 하나밖에 없는 소중한 존재이다.

063. 정상은 춥구나(한 · 일 합동 후지산 등반)

참으로 많은 사람이 동행한 한·일 합동 후지산 등반이다. 그렇게 오른 후지산 정상은 한여름에도 추웠다.

후지산 정상에서 일출을 보아야겠다는 일념으로 밤 12시에 산장을 출발해 근 8시간의 야간산행 끝에 일출을 맞이했다. 말로만 듣고 배웠던 겪어보지 못한 경험의 답습이 아닌, 자연의 위대함에 저절로 머리 숙여지는 경건함과 겸손함 그리고 살아있다는 것 자체를 실감하게 해준 최고의 선물이었다.

동행자들의 이름을 제대로 기억할 수 있었으면 좋겠다. 언젠간 이 사진을 함께 보며 회상하는 즐거움을 나누는 시간을 기대한다. 누군가에게는 한때의 스쳐 지나간 작은 기억이거나 잊혀져 기억하고 싶지 않은 기억일 수도 있겠지만 그때 그 순간이 있었다는 것 자체가 나였기에 가능하다는 건 진실이다.

어쩌면 장애인들과 함께하는 등반 자체가 욕심의 산물일 수도 있다. 정말 장애인들이 원했느냐고 묻는다면,

"그들의 눈을 보라, 눈을 보면 안다"

고 말해주고 싶다.

인간의 행동을 가치롭게 변화시키고자 하는 교육은 그중에서도 특히, 장애인을 위한 특수교육은 한 개인이 경쟁에서 이기는 방법을 가르치는 것이 아니라 행복하게 사는 방법을 가르치는 것이어야 한다. 그것도 나중에 행복해지기 위해 현재의 어려움과 힘듦을 참고 견디어야 한다는 희망 고문의 교육은 그만해야 한다. 하루하루가 쌓여 한 달이 되고 한달 한달이 쌓여 일 년이 되며 그 어떤 사람의 일생이 된다. 매 순간, 순간. 곧 지금 이 순간이 행복할 수 있어야 한다.

064. 어떻게 일어나지?(장애인 스키캠프)

양지 파인 리조트에서 실시된 장애인 스키캠프에서 뇌병변장애인이 일어서려고 애쓰는 모습이다.

양지 파인 리조트에서 장애인 스키캠프 프로그램이 실시될 수 있었던 것은 1989년 여름 삼육재활학교 교사이자 장애인복지형상회 회장이었던 필자가 수학여행지인 강원도 양양 바닷가에서 파인 리조트를 운영하고 있던 이동훈씨를 만나면서부터 시작되었다.

모래밭은 목발이나 휠체어 또는 자세 유지용 보조기를 착용한 지체장애인에게는 지뢰밭이나 다름없는 장애물이다. 그래서 대다수 지체장애인들은 잔잔한 바다를 멀리서 바라다보기만 했지 바닷가에 직접 다가가 일렁이는 파도와 부서지는 파도 포말의 역동적인 광경을 접할 기회는 거의 없다시피 했다.

그러나 이들은 달랐다. 그곳에서 이동훈 씨는 바닷가 체험을 위해 모래밭을 헤치며 사투를 벌이고 있던 지체장애 학생들과 교사들을 보게 되었다. 이동훈 씨는 그들의 당찬 모습을 바라보면서 스키를 통해 장애인에게 새로운 경험을 주고 싶다는 생각을 하였고 이런 그의 소망은 양지 파인 리조트의 협조로 이루어지게 되었다.

보는 것과 해보는 것은 엄청난 차이가 난다. 특히 자유로운 움직임과 이동의 어려움으로 인해 경험영역의 폭이 좁은 지체장애인에게 직접경험 기회의 제공은 향후 그들의 삶에 매우 유용한 자양분이 될 것은 틀림없는 사실이다.

1990년부터 매년 장형회 주관으로 실시되었던 장애인 스키캠프는 필자가 1993년 이직하면서 경기도 장애인재활협회로 주관이 변경되었고 계속 이어지는지에 대한 여부는 확인하지 못했다. 양지 파인 리조트에서는 매년 장애인 골프대회도 개최하는 등 장애인레포츠 활성화에 기여하고 있다는 소식은 지인을 통해 전해 들었기에 한결같은 장애인복지 동참에 고맙고 감사한 마음을 전한다.

주고받는 실리적 이익에 우선한 경제적 도움은 지속성과 일관성을 유지하지 못하는 경우가 많다. 더구나 일회성의 보여주기식 프로그램은 식상하기 쉽다. 프로그램이란 시간을 만들어 내는 것이고 그 시간은 참가자의 재미를 우선으로 구성되어야 공감을 자극하여 소통할 수 있는 계기를 제공할 수 있다. 이러한 재미있는 시간은 의무나 사명이 아니라 자발성에서 나오는 것이다. 자발성을 담보할 수 있는 재밌는 프로그램과 그 경험이 우리 아이들의 삶을 풍요롭게 만들어 줄 수 있다.

065. 스키를 타보자(장애인 스키캠프)

양지 파인 리조트에서 열린 장애인 스키캠프에서 강사가 장애인에게 스키를 가르치는 장면이다.

뇌의 병변으로 인해 운동과 자세에 어려움이 심한 이들에게 몸의 중심 잡기와 이동기능을 가르치는 것은 결코 쉬운 일이 아니다. 더구나 미끄러움을 최대한 이용해 안전한 자세 유지와 속도 조절로 스릴을 만끽하는 스키는 당사자의 도전과 노력이 필수이다. 그만큼 자기 주도적인 활동을 전제로 하는 운동이기에 특수교육적 방법이 매우 필요하다.

특수교육은 다양한 경험영역 확장을 통해 성장을 도모하는 일이며 세상을 살아내는 일상생활 유지기능을 배우고 익혀 써먹으며 재미를 느낄 줄 아는 사람을 키우는 교육으로, 평생 동안 지속되는 계속 교육이어야 한다. 배워서 알았다면 써먹어서 즐거움을 느껴야 하는 게 배움을 하는 이유다. 즐거움을 느끼게 하자면 배움의 터이자 장인 환경을 제대로 조성해주어야 한다. 장애인을 포함한 모든 인간은 환경과의 상호작용을 통해 삶을 유지하기 때문이다. 그러나 심신에 장애가 있는 장애인은 아는 것조차도 힘들 거라고 예단하고 자라지 않는 아이로 단정하는 이들이 수북한 현실에서 아는 것을 써먹을 거라고는 생각지도 못할 것이다.

아끼는 후배 중 한 사람인 류재연 교수가 쓴 책 중에 『아이들은 손톱처럼 자란다』라는 책이 있다. 우리 아이들은 안다, 재미없음을. 그래서 자기 손톱을 물어뜯으며 항변하고 있다. 제발 내가 나를 표현할 수 있는 기회의 장을 달라고. 그래서 비록 손톱만큼씩 자라긴 해도 자라는 재미를 느끼게 해 달라고. 그렇게 해주면 눈치 안 보고 손톱 물어뜯지 않으며 해맑간 웃음 지으며 먼저 다가올 텐데. 가까이 다가가면 다가간 만큼 물러서고 적당히 물러서면 물러선 만큼 다가오며 좀처럼 거리를 주지 않는 우리 아이들이 스스럼없이 다가와 "손톱 깎아 주세요."라고 말도 하고 애교도 부리면서 재미있어할 터인데. 우리 아이들은 조금 느리지만, 손톱처럼 알지 못하는 사이 꾸준히 자라고 있다.

066. 우리도 할 수 있어요(장애인 스카우트 야영대회)

제1회 장애인 스카우트 야영대회가 1985년 경기도 고양군 서
삼릉 스카우트 훈련장에서 개최되었다.

　학급야영의 출발은 1982년 삼육 스카우트 575대원들과의 인연으로부
터 시작되었다. 스카우트의 출발점이나 다름없는 야영 활동을 특수교육 방
법의 하나로 접목시켜 본 실험적 활동으로 등반 활동과 더불어 장형회 활동
의 시작점이기도 하다. 이를 통해 우리나라 특수교육계에 장애인 스카우트
활동 곧 특수대의 활동이 전국적으로 확대되는 계기가 된 제1회 장애인 스

카우트 야영대회가 1985년 경기도 고양군 서삼릉 스카우트 훈련장에서 개최되었다. 슬로건은 "우리도 할 수 있어요" 였다.

당시만 해도 장애인에 대한 부정적 인식이 강했고 장애인과 함께 하려는 사람들(부모, 교사, 가족, 복지, 인권, 교육 등)도 같이 취급하는 경향이 짙었다. 실제로 필자가 지체장애 특수학교 교사 시절인 1980년대 초반 수학여행을 떠나 강원도 속초 설악산 권금성으로 가기 위해 케이블카 탑승 중 분명하게 들었다.

"걸음도 제대로 못 걷는 병신들이 뭔 일이래, 저 선생들은 밥 먹고 할 일이 그리도 없나. 학교나 제대로 나왔나." 등등의 소리와 시선에 눈꼬리가 바짝 치켜 올라갔지만 씨익 하고 웃음으로 견디었던 기억이 새롭다. 눈에 보이는 것만 보는 사람은 절대로 공감할 줄 모른다. 그런 것만 보기 때문이다.

나름 잘 살다가 질병이나 사고를 겪음으로 인한 대다수 성인 중도 장애인의 경우 자신의 몸이 '장애'라고 규정됨을 자각한 날, 그동안 삶의 기억을 잃고 낯선 땅으로 추방당했다는 느낌을 매우 강하게 받는다고 한다. 공감을 모르는 낯선 땅으로 말이다. 그럼에도 그들이 당당한 삶을 유지할 수 있는 건 자신의 장애를 인정하고 그 장애를 사랑하기 때문이라고 한다. 자신이 살아있다는 사실을 깨닫게 해준 자기 자신에게 항상 고맙고 감사하게 여긴다고 한다. 자기 삶의 주인은 오직 자기라는 사실에 충실할 뿐이라는 것이다.

067. 연애를 하자(장애인 학급야영)

남양주시 진접읍에 있었던 밤섬유원지에서 실시된 장애인 스카우트 학급야영 중 한 장면이다.

캠프를 비롯한 우리의 모든 활동은 교육을 기반으로 한다. 그리고 건배를 외칠 때마다 빼놓지 않고 복창하는 것이 있다. 교육은 연애하듯 해야 한다는 것이다.

연애는 상대가 뭘 좋아할지, 그 사람이 날 어떻게 생각할지 끊임없이 탐구하고 연구하며 행동한다. 물론 연애는 절대적이 아니라 상대적이기에 슬프고 괴로우며 불행하게 될 수도 있다. 그렇지만 기본적으로 연애는 서로에 닿으려고 서로를 닮아가는 사랑을 기반으로 하기에 사랑은 곧 사람을 기쁘고 즐거우며 행복하게 하는 평생의 일이다. 교육은 서로에게 다가가려 상대가 뭘 좋아할지 끊임없이 탐구하는 그런 연애가 되어야 한다.

활발하게 활동한 대원중에 중에 구춘서 대원이 있었다. 그도 이 캠프에 함께했었다. 1988년 11월에 제작 완료된 시각장애인 촉각 지도와 일반장애인 지도에는 그의 열정이 고스란히 담겨있다.

고 구춘서 회원은 1986년 11월부터 시작되어 1988년 11월에 완료된 "함께 사는 서울"이라는 장애인 전용지도 제작과정에서 자신의 역량을 유감없이 발휘한 귀재 중에 귀재로 그림문자인 픽토그램 제작에 일가견을 보였다. 말년에 술로 해친 건강을 회복하지 못하고 홀연히 떠났다. 그의 열정이 고스란히 담긴 시각장애인 촉각 지도와 일반장애인 지도는 남산에 있는 서울 정도 600년 타임캡슐 속에 보관되어 있다. 그 캡슐이 열리는 날, 그와 다시 만나길 간절히 기원한다.

068. 야호 새처럼 난다(장애인 학급야영)

남양주 밤섬 학급야영에서 외줄 하강 중인 장애인의 모습이다.

첫 경험의 두려움과 더불어 나름의 기대에 만족한 듯한 미소가 보는 이들을 즐겁게 한다. 자세히 보면 흡족한 미소뿐만 아니라 온몸으로 즐거움을 동반한 행복함을 한껏 드러내고 있는 재미의 지금 이 순간이다.

뇌병변의 장애로 원치 않은 심신의 어려움. 곧, 자세 유지와 자유로운 움직임에 제약을 받을 수밖에 없어 짜릿한 속도감을 느껴볼 기회가 좀처럼 없는 중증의 뇌병변장애인이지만 재미에 흠뻑 빠져 있다. 장애인을 포함한 모든 사람의 삶의 목표는 행복의 추구이고 그 목표에 동기 부여를 해 주는 것이 바로 재미이니 인간 행복의 기반은 재미인 셈이다.

우리 아이들을 포함해 세상에 태어난 모든 사람은 각자 삶의 궤적이 있다. 우리 아이들도 아직은 드러나지 않았지만 자기 나름의 궤적을 갖는다. 그 아이의 궤적이 드러날 수 있도록 하려면 밀당을 해야 한다. 밀당의 시작은 건드려보고 찔려보며 반응을 살핀 후 소위 중재라는 행위를 해야 한다. 그렇지만 대부분은 일단 교사나 부모가 알고 있는 편린적 지식을 기준으로 단정 짓고 몰아붙이는 경우가 자주 있다.

그러니 우리 아이들은 선택권은 고사하고 눈치꾼이 되고, 조금 더 가면 장애를 무기로 쓰는 자기만의 방법을 구사하기 시작한다. 학습에서 못 느끼는 재미를 장애를 무기로 씀으로써 부모나 교사보다 훨씬 고단수의 쾌감을 누리는 것이다.

요즘 자주 회자되고 있는 발달장애 중 자폐성 장애아들의 말 안 함과 눈 안 맞춤과 관계 맺기 기능 부재를 자폐성 장애 당사자 스스로 폐쇄했기에 자폐아라고 하는 경우가 많은 데, 그들은 소위 우리 일반인들을 훨씬 능가한 미래형 인간일 수도 있다. 그들은 자신을 폐쇄한 것이 아니라 세상을 폐쇄한 대단한 능력을 지닌 자기 삶의 참 주인일 수 있다.

세상을 자기만의 그림으로 그리고 그 안에서 자기 몸을 갖고 논다. 부모를 포함해 그 누구도 자기 안에 들이지 않는다. 항상 일정한 거리를 두고 필요하면 눈치도 보고 애교도 부리고 아부도 떨고 존댓말도 한다. 아주 의젓하고 또박또박하게 한다. 문제는 그의 소통 방법을 눈치채지 못한 이들이 자기 기준을 자꾸 들이대면 들이댈수록 아이는 자기 정서의 문을 더욱 굳게 걸어 닫고 장애 자체를 무기로 쓰는 데 주저하지 않는다.

특수교육은 치료나 훈련이 아닌 우리가 만들어 내는 하모니다. 그들에게 눈치 보지 않고 제 맘대로 놀 수 있는 기회와 환경을 제공해주자. 그들만 재미있고 나는 재미 없어도 안 되고 나는 재미있는데 그들은 재미없어도 안 된다. 같이 재미있어야 한다. 같이 놀아주는 것이 아니라 같이 놀아야 한다. 가르치는 것이 아니라 같은 방향을 함께 보기를 하며 지금 이 순간을 더불어 즐길 수 있어야 한다.

069. 줄 꽉 잡아(장애인 학급야영)

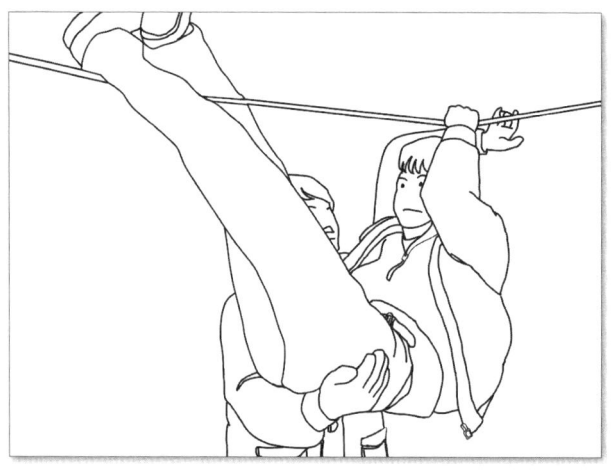

밤섬에서 열린 장애인 야영대회 참가자가 줄을 꽉 움켜쥐고 자세를 잡고 있다.

야영, 곧 캠프 또는 캠핑은 자연친화적 활동의 대표적인 유형으로 그 뜻을 밝히는 일은 여간 어려운 일이 아니다. 캠프는 야영, 노영, 막영, 숙영, 캠핑, 야외생활, 텐트생활, 막사나 천막생활, 군대생활, 의도적 조직적 활동 등 인간 활동적 측면에서 설명하기도 하고 들, 정원, 산장, 전장, 야전지, 야영기지, 일시적 장소, 인격도야의 장 등 위치, 장소의 측면에서 설명하기도 하며 그 외 친구, 동지, 심신의 피로를 푸는 방법, 교육수단, 교육과 레크리에이션의 결합, 하나의 작은 세계 등 여러 가지 의미로 표현하고 있다.

이처럼 캠프의 정의는 다양하지만, 일반적으로 '집을 떠나 일정한 장소에 거주지를 정하고 유능한 지도자의 지도 아래, 규칙적인 생활을 하는 것'이라고 할 수 있다. 다시 말해, 캠프 활동이란 대자연 속에서 막사나 천막(tent)을 숙소로 하여 생활하는 것을 의미하는데, 각 개인의 적응을 목표로 하는 실제적인 교육의 목적과 사회적응 및 정서적 문제를 예방·치유하는 목적을 지닌 사회적 레크리에이션의 장점을 합친 활동이라 할 수 있다. 캠프 활동은 건강 증진, 정서적인 안정, 생활기술, 사회적응 능력, 정신적 성장, 민주 시민으로서의 행동과 성격 발달, 민주적인 생활 경험 등의 요소를 포함하고 있다.

교육적 의미에서 캠프는 본질적으로 실천 지향적이며 현장 중심의 맥락에서 찾아야 한다. 따라서 캠프 활동의 프로그램은 활동 경험을 통해 학생들의 성장과 발전을 도모하는 데에 역점을 두어야 하며, 결과보다는 과정을 더 중요시해야 한다. 일반적인 캠프의 목적은 자연생활에 적응하는 능력에 의해 일상생활에 필요한 기술을 습득하고, 강한 체력을 양성함에 따라 명랑한 인격을 쌓을 수 있으며 자연 속에 묻힌 단순한 생활에서 생활을 위한 창조력을 높이는 연수가 된다. 또한 집단생활의 경험을 통해 민주적인 사고방식과 생활 태도를 기를 수 있으며 여가를 건전하고 즐겁게 보낼 수 있다.

장애인의 캠프 목적이나 의의는 일반인과 다른 바가 없다. 다만 그 실행 방법에서 약간의 준비와 장소의 선택에 주의를 기울이면 무난한 캠프 생활을 즐길 수가 있다. 장애인 캠프는 위 5가지의 목적에 재활 의욕 고취와 새로운 세계에 대한 경험이라는 목적을 더 포함하고 있다. 이를 통해 추가할 수 있는 장애인 캠프의 의의는 요보호가 필요한 중증장애인에게는 공동체 생활의 적응을 도와주는 기간으로서의 의미가 있고, 장애인 캠프의 부가적 효과로 학부모의 가정적 환경을 지원한다는 것이며, 장애인과 일반인이 함께 하는 통합캠프는 참석자들에게 새로운 자아 발견의 기회와 다양한 사회 구성원이 존재한다는 경험을 제공하는 기회가 된다.

아울러 장애인 캠프는 장애인의 정의적 영역(흥미. 태도. 가치관. 감정 등)을 함양시키는 데 매우 유용한 프로그램으로서 어떤 문제를 해결하거나 사회 적응력 신장을 위하여 실시하는 경우가 많은데, 그 구체적인 내용은 다음과 같다.

첫째, 자존감· 자기 인정의 고취는 물론, 주어진 프로그램과 주어진 환경 내에서 즐거움을 찾는 방법 등을 익히게 한다. 둘째, 생활을 영위해 나갈 수 있는 능력을 기르며, 환경에서 얻어지는 기술과 지식을 자신의 것으로 만든다. 셋째, 책임감을 익히고 자신을 표현할 수 있으며 압박감 없이 공포나 적대감을 표현할수 있는 기회를 제공한다. 넷째, 친구들이나 교사들 사이에서 수용될 수 있는 행동과 그렇지 못한 행동을 익혀 자신을 바람직하게 통제하는 방법을 배우게 한다. 다섯째, 여러 가지 놀이와 활동을 통하여 신체적·정신적으로 건강하게 될 수 있는 기회를 얻게 한다. 여섯째, 장애인의 부모·교사·관계자들이 장애인도 다양한 흥미를 가지고 있으며 그들의 능력이나 성격이 단순하지만은 않다는 것을 알 수 있게 한다. 마지막으로 일정한 환경 내에서 장애인들을 관찰할 수 있기 때문에 그들에 대한 이해를 높일 수 있다.

따라서 캠프는 장애인들에게 그들 나름대로의 생활의 활력과 인생의 즐거움을 가져다주는 데 매우 적절하다.

070. 드디어 도착(장애인 학급야영)

성장 장애를 가지고 있지만 그 나이 또래의 일반 아이들과 별 다를 것이 없는 장애아가 외줄 하강 종착지에 다다른 모습이다.

학급야영이 열린 밤섬은 1950년대부터 초·중·고학생들의 소풍 장소이자 대학생들의 MT장소로 이름을 날리던 곳이기도 했다. 그러다 문득 예전에 잠시 함께 일했던 이의 "역시 인생은 돈인가 봅니다"라는 말이 떠오른다. 고3때 아버지 사업실패로 집안이 망가져 서울지하철 1호선 공사판을 비롯해 극장 기도, 뇌병변 장애인 학습지도 등의 알바를 하며 대학교 야산에 텐트를 치고 살기도 했었다. 그렇게 빈곤하게 다닐 거면 휴학하라는 동기 놈의 빈정거림도, 어쩌다 얻어걸린 공짜 술의 사치도, 친구들 집에 기생하며 먹고 자고 나름 놀기조차 하면서도 돈 없음에 대해 전혀 부끄럽지 않았다. 내게 있어서 그 시절에 돈은 오로지 수단 매체일 뿐으로 내 삶의 목적함수는 아니었다.

지금도 역시 그때 그 정서를 벗어나지 못하기에 혹자는 철이 덜 들었다고 한다. 사람은 늙으면 입은 닫고 주머니는 열어야 한다는 말은 돈은 쓰되 생색은 내지 말라는 건데, 그 속을 들여다보면 결국 늙어서도 대우받으려면 돈 벌어 놓아야 한다는 해석으로 집약되니 "인생은 역시 돈인가 봅니다"라는 말이 나름 삶의 정도일 수도 있겠구나 싶다.

누군가 그랬다. 인생에서 가장 힘들고 어려운 일이 돈 버는 일이라고. 그렇다면 내 삶살이는 그 힘들고 어려운 일을 해 본 적이 별로 없으니 생존경쟁의 거친 현실을 몰라도 너무 모른다고 할 노릇이긴 하다. 인간의 일생은 일의 일생이며 일을 잘해야 물질적 풍요는 물론 정신적으로도 행복해진다고 한다. 그러면 감각적으로도 행복해질 수 있을까? 그보다 더 중요한 것은 생존경쟁에서 남에게 피해 끼치지 않으면서 자기 삶의 길을 떳떳하게 갈 수 있는 사람이어야 한다. 그런 삶이 되려면 복잡한 세상 살이에서 보다 단순하고 간결한 삶살이를 추구하고 실천해야 하지 않을까 한다.

071. 헤이! 디스코다(장애인 학급야영)

디스코란 용어는 요즘 아이들에겐 전혀 이해가 안 갈 1980년대에 유행했던 춤사위다.

    검지 손가락을 쭉 펴서 연신 하늘을 찌르며 온몸을 흔들어대는 연속 동작으로 즐거움을 표현해내는 이 춤은 나팔바지와 빨간 양말 그리고 야외전축과 트위스트를 거쳐 고고 춤으로 대표되던 1970년대를 지나온 시대적 변화의 한 문화다.

    신체적 장애의 대표 격으로 분류되는 지체장애인에게 춤은 쑥스럽기 그

지없는 몸놀림의 하나이긴 했어도 캠프 프로그램에서 춤은 공동체 의식을 높이는 매개체이자 흥겨움을 표현하는 놀이로서 제격이다. 즐거움을 몸으로 나타내는 춤은 통상 비트가 쎈 음악을 동반해야 제맛을 느낄 수 있지만, 이미 하나가 된 저들의 표정에서 몰입의 즐거움에 취해 있음을 알 수 있다.

흉내 내기 든 스스로 만들어 낸 것이든 간에 아이들은 분명히 몰입(flow state)되어 있다. 몰입은 무엇인가? 삼매경이라는 말도도 바꿔볼 수 있는 이 플로우 상태는 시간 가는 줄 모르고 어떤 일에 완전히 몰입한 상태, 즉 100% 주의 집중상태를 말한다.

특수교육현장에서 학생을 위한 일반적인 교수 방법으로 쓰이는 것으로 주의 집중 및 동기 유발, 근접 발달 영역의 적용, 반복과 규칙적인 일과, 과제분석에 의한 단계적인 교수, 적절한 의사소통, 문제 행동의 예방 등이 있는데 그중에서 가장 우선시 해야할 것이 주의 집중 및 동기 유발이다.

왜냐하면 이 주의 집중이 곧 자기 주도적 학습의 기반이기 때문이다. 즉, 수업의 양과 질은 학생의 관심이나 흥미를 뜻하는 선호도에 기인한다. 특수아 개개인의 선호도를 알기 어렵기 때문에 특정한 방법을 사용한다. 예를 들어 자연적인 환경에서의 직접 관찰, 부모와의 면담, 구조화된 검사 등의 다양한 방법들이 사용될 수 있으며, 이러한 방법 등을 통해서 좋아하는 사람, 음식, 사물, 교재, 활동 등의 다양한 선호도를 파악할 수 있다.

특수아를 비롯한 우리는 간혹 이런 100% 주의 집중상태(flow state)를 경험하는데, 만약 일상생활에서도 이렇듯 완전한 몰입상태를 지속할 수 있다면 우리의 삶은 어떻게 달라질까. 상상만 해도 흥분되는 일이다.

사진 속의 신나는 몸짓을 이끌어 낸 장본인은 다름 아닌 단국대학교 특수교육과 3대 명인 중 한 명으로 꼽히는 조진행이다. 이름에 걸맞게 언제 어디서 무엇이든지 소화해 낼 줄 아는 진행의 귀재였다. 그는 한결같은 일관성으로 특수교육계를 지켜내는 일꾼 중 한 사람이었다.

장애인과 함께하는 캠프 생활에서는 항상 앞서가는 사람과 뒤따라가는 사람 그리고 그 뒤를 정리하는 사람이 있게 마련이다. 그런데 조진행은 이 모든 과정을 다 해치우는 인물이었다. 그래서 모든 행사에서 그가 참여하면 늦은 취침과 이른 기상에도 깊은 수면의 달콤함에 빠져들 수 있었다. 그랬던 그는 이 선배보다 먼저 가버렸다. 함께 하고픈 일이 많은 그이기에 그의 이른 죽음이 무척이나 안타깝다.

072. 개미 찾기(장애인 학급야영)

사진에 보이는 웃음 띤 아이들이 하는 행동은 개미를 찾으라는 진행자의 말을 실천하는 중이다.

4월 하순의 날씨에 개미 찾기란 그리 쉬운 일이 아니다. 그럼에도 불편한 운동과 자세의 문제보다는 찾겠다는 의지를 드러내며 땅바닥에 널부러져서도 함박웃음을 짓는 캠프 참가자들의 실천 행동에서 캠프의 당위성을 읽어낼 수 있다. 이렇게 재미있게 놀 수 있을 때 그들은 즐거워한다. 그 즐거움을 통해 새로운 쓰임새를 스스로 찾아내려는 그들의 자주적인 행동에 힘을 실어 주는 일. 그것이 바로 우리들이 해야 할 일이다.

지체장애인의 이동과 접근에서 고르지 못한 바닥과 턱은 여간 곤혹스러운 환경이 아니다. 불과 서너살 정도의 아이라도 폴짝 뛰어넘을 환경에서 대부분의 지체장애인은 남녀노소 구분 없이 쩔쩔맬 수밖에 없는 환경이 그들의 문밖 외출을 제한시킨다.

물리적 환경으로 인해 열등감, 자신감 상실, 소외감 등으로 대표되는 정의적 영역(흥미. 태도. 가치관. 감정 등)의 위축 현상을 가져오고 이는 곧 외로움, 시기, 질투, 원망 등의 부정적 자아개념을 형성시켜 가뜩이나 기능주의 패러다임의 독주에 기죽어 있는 그들을 더욱 옥죄인다. 더구나 개별화 교육을 내세우는 특수교육임에도 불구하고, 읽고 쓰고 셈하기로 서열을 매기는 인지중심교육으로 인한 계속적인 학습 실패 및 부진은 결국 자해나 가해를 통한 자기자극행동이나 반항적 행동으로 표출되거나 회피로 일관하게 만든다.

이른바 학습된 무기력이다. 셀리히만(M. Seligman) 등은 나의 행동과 상관없이 겪는 불행과 슬픔의 반복은 결국 '학습된 무기력(learned helplessness)'을 만들어 낼 수 있다고 밝혔다. 당사자에게 선택의 여지가 없는 주입식 교육이나 자기주도력이 결여된 학습의 강요는 오히려 교육의 선기능을 빙자한 폭력이나 다름없다.

그렇다면 특수교육이란? 특수아동의 제한된 소질을 개발하는데 일반

학교의 교육계획으로는 어렵기때문에 특별히 설계된 교육을 특수아동에게 제공하는 교육이다. 특별히 설계된 교육이란 개별 학생의 독특하고 특수한 교육적인 요구에 가장 알맞게 구안된 교육계획 또는 프로그램을 의미한다고 볼 수 있다. 그러므로 특수아동에게 가장 의미 있는 특수교육의 측면은 '개별적으로 계획된 특수하고도 집중적인 목표지향적인 교수로서의 특수교육'일 것이다. 결국 특수교육은 개별화 교육이다.

그래서 개별화 교육의 대전제는 특수아 그들을 대상이 아닌 존재로 보는 것이다. 그들을 존재로 보아야만 훈련이 아닌 교육이 된다. 거기에서 시작된 특수교육의 목표달성을 위한 대안적 방법은 특수아 스스로 익숙해져 평범한 일상이 되도록 도와주는 활동이다. 이를 위한 구체적 방안으로 첫째, 사람들과 잘 어울리는 방법을 알고 실천하는 것. 둘째, 최대한 독립적으로 살아가는 방법을 알고 실천하는 것. 셋째, 의미 있게 선택하는 방법을 알고 실천하는 것으로 요약할 수 있다.

다시 말해 특수교육은 특별난 것이거나 미래의 삶을 위한 것이 아니라 지금 여기서 행복할 수 있는 방법을 체험하고 체득하여 언제든 써먹을 수 있는 지혜를 습득하는 쓰임새 중심이어야 한다. 그동안 특수교육을 비롯한 장애인 복지 관련 모든 교육이 지향했던 이론 바탕의 지식 중심교육에서 쓰임새를 위한 지식 활용 중심교육으로의 시대적 변화 조류에 합류할 수 있어야 한다.

073. 국일까 찌개일까(장애인 학급야영)

그 누가 뭐래도 캠핑의 백미는 먹는 거다. 지극히 단순한 삶의 방법은 먹고, 자고, 놀고 아닌가?

유럽의 중부 아드리아해 연안의 몬테네그로 지방에는 "인간은 피곤한 상태로 태어난다. 그래서 쉬기 위해 살아간다"는 속담이 있다. 이 말은 인간은 일하기 위해 태어난 것이 아니라 쉬기 위해 태어났기에 일은 곧 쉬기 위해서 하는 것인 셈이라고 풀어낼 수도 있다. 이런 관점에서 그림 속 캠프 참가자들의 식사 준비는 의도적 프로그램의 실천이라기보다는 자연 발생적인 상식적 행위에 속한다고 할 것이다.

그런데 인간의 일생은 일의 일생이며 일을 잘해야 물질적 풍요는 물론 정신적으로도 행복해진다는 일의 세계를 들이대면 복잡해진다. 특히 심신과 감각의 문제로 기능상의 어려움을 겪는 장애인에게 직업은 그들을 곤혹스럽게 하거나 절망으로 몰아넣는 경우가 흔하다.

그래서 국가와 사회는 경제적 불평등의 해소야말로 장애인복지의 가장 큰 해결책으로 제시하고 있다. 그러나 이는 장애인들을 단지 시혜의 대상으로 보는 시각이라 할 수 있다. 이러한 퍼주기 식의 복지정책은 장애 당사자의 자기주도적 삶살이 모색 기회를 박탈하였을 뿐 아니라 자신의 장애를 무기로 쓰게 만들고 피동적 삶살이에 고착되게 했다. 이런 구빈법적 인식과 복지정책은 자기역량 강화를 통한 원만한 사회생활과 독립적 삶의 기능마저 저해함으로써 능동적인 삶살이로 행복을 추구하려는 의욕조차 앗아가 버려 학습된 무기력을 조장하는 단초를 제공하기도 했다.

이런 여러 문제의 출발은 장애에 대한 인식의 부재에서 비롯된 것이기에 그 해결책은 장애에 대한 올바른 인식의 제고로 귀결된다. 목마른 자가 샘 파고 울어야 젖 준다는 속담처럼 장애에 대한 인식제고에 앞장서야 할 사람은 장애 당사자다. 왜냐면 당사자가 살면서 몸과 마음으로 직접 겪고 느낀 생생한 경험치야말로 그 어떤 것보다 설득력 있고 쉽게 공감대를 형성시키기 때문이다.

074. 아름다운 동행(장애인 학급야영)

새봄이 시작되어 이제 막 이른 새싹들이 돋아나는 밤섬 야영장 비탈길 위의 남학생과 여학생의 아름다운 동행의 모습이다.

환하게 피어난 두 송이 인간 꽃을 연상시키면서 겨우내 움츠렸던 삭막한 마음을 따뜻하게 녹여주는 한 장면이다. 나는 지금도 그때 그 순간들이 생생하게 새록새록 다시 살아난다. 아직도 나는 그 인연들을 추억한다. 이 장면들을 보며 우리 활동 중에서 정서적 활동의 중요성을 다시 생각해 본다.

내가 아는 한 사진은 과거를 현재에 되돌릴 수 있는 유일한 사물이다. 사진이 주는 정지된 시간과 공간, 그 속에 스민 사연들을 기억하고 회상하며 느껴보는 희로애락의 감정은 때마다 다르다. 감정이 변한다 해도 지속성과 일관성 있게 이어지는 것은 다름 아닌 그 사진 속의 사람이다. 지금도 나는 나와 만났던 많은 사람들을 기억하고 싶다. 그래서 그 많은 사람들과 연애를 계속하고 싶다.

연애를 계속하려면 사랑을 해야 한다. 사랑하자면 역지사지, 즉 입장 바꾸어 생각할 수 있어야 한다. 그리고 그것을 행동으로 구체화해야 한다. 사랑은 너를 위해 나를 바꾸는 것이라고 말은 했지만, 실제 행동은 건성건성한 것이 더 많았음을 고백한다.

사랑은 정서의 구체적 표현이다. 사랑은 내가 가지기에도 아까운 것을 상대에게 줌으로써 더 큰 받음을 체감하는 승화된 체험이다. 그러한 체험이 인간의 삶 속에 결정체로 구체화 된다. 그 결정체인 사랑의 출발과 종착은 다름 아닌 정서에서 비롯된다.

정서(情緒, emotion) 또는 정념(情念)은 사람의 마음에 일어나는 다양한 감정, 생각을 불러일으키는 분위기나 행동과 관련된 정신적·생리적 상태다. 정서는 대개 기분, 기질, 성격 등과 관련 있는 주관적 경험인데 광의적으로는 급격히 생기는 일시적인 노여움·두려움·기쁨·슬픔·놀람 등으로 정의하기도 한다. 심리학에서는 감정이나 기분이란 단어보다 정서를 훨씬 많이 쓰지만, 한국 사회에선 일반적으로 감정이라는 말의 사용이 훨씬 빈번한 편이다.

　특수교육에서 흔히 정서·행동 장애 중재는, 내면적인 것과 외면적인 것이 동시에 나타나는 특성을 지닌 아동을 대상으로 한다. 그에 따른 중재 방법도 가능한 한 또래 집단 속에서 구체적이고 칭찬 중심으로 행동을 유도하는 것이 효과적이다. 특히 연령이 어릴수록 학습 경험치가 적고 발달 가능한 여백이 많기 때문에 정서 교육이 중요하다.

　따라서 특수아동을 대상으로 하는 교육에서는 인지 영역이나 운동영역 못지않게 정서 영역에 대한 교육과정의 준비와 실천 또한 매우 중요한 영역이다.

075. 엄마! 무서워(장애인 학급야영)

특수학교 초등부 5학년 뇌성마비 여아가 두 줄 타고 건너기를 하고 있다.

대다수 지체장애인은 지면에서 발이 떨어지는 순간을 몹시 두려워한다. 특히 뇌의 병변으로 인해 운동과 자세에 문제가 있는 뇌병변 장애인(뇌성마비)인 경우 더욱 몸은 움츠러들고 마음도 위축되는 경우가 많다. 일반적으로 장애인의 공통적인 심리적 특성은 기능 중심 패러다임에서 오는 위축 현상과 반복된 실패로 인한 학습된 무기력으로 인한 부정적 자아개념이 높다는 것이다.

학령기 장애아동 즉, 특수아동이 공통적으로 보이는 발달상의 문제는 크게 네 가지로 정리할 수 있다. 첫째는 발달영역(인지, 운동, 언어, 사회, 자조)의 불균형. 둘째, 전반적 발달의 지체. 셋째, 잠재력과 성취력의 큰 차이. 넷째, 강한 개별성이다. 이런 발달상의 문제해결의 관건은 경험영역의 확대이며 그에 따른 목표는 다양한 경험 습득을 위한 기회 제공으로 풍부한 경험치를 축적해주는 것이다.

사진의 뇌성마비 여아의 두 줄 타고 건너기는 일반아동은 감히 상상조차 할 수 없는 공포의 극한체험이다. 제대로 걷기는커녕 서 있기조차 어려울 만큼 경련이 계속되는 뇌성마비 여자아이를 흔들리는 줄 위에 매달려 자세를 잡게 하고 옆으로 이동까지 하도록 하는 이 두 줄 타기 훈련은 극기의 차원을 넘어서 불안정한 자세와 운동의 범주 경험을 통해 자기 몸과 마음에 대한 새로운 느낌을 주고자 하는 것이다. 즉, 그동안 쓰지 않아 경직되었던 몸의 근육과 골격 및 운동신경에 자극을 주도록 함으로써 움직임에 범위를 넓혀주고, 그로 인한 자신의 신체적 동작에 자신감을 부여해 주어 자존감을 회복시켜보고자 하는 것이다.

두 줄 타기에 쓰이는 줄은 등산용 8mm 로프를 주로 이용했다. 두 줄 타기 훈련의 초창기는 추락에 의한 부상 방지를 위해 이동 거리만큼의 매트리스를 깔았고 훈련당사자인 아동은 안전모와 안전벨트를 착용하고 위쪽 로프에 슬링과 연결된 카라비너(암벽 등반에 쓰는 도구의 하나. 강철로 만든 둥근 테로 스프링이 달려 있다)로 안전 확보를 했었으나, 뇌병변장애아 특유의 경련과 경직의 반복으로 인해 이동에 걸림돌로 작용 되어 맨몸으로 실시하도록 하였다.

역설적이지만 안전을 위한 안전을 넘어서 더 큰 안전을 도모하게 된 이 방법이 오히려 장애아동들에게는 더 효과적이었다. 그만큼 안전을 걱정한 주최 측의 과도한 염려가 장애아동들의 잠재력 발휘를 억제하고 있었음을 깨달은 소중한 경험치를 새롭게 축적하기도 했다.

역시 삶의 지혜는 논리적 이론에서 나오는 것이 아니라 현장의 실천을 통한 경험에서 스며 나온다. 그렇게 스며나온 경험은 다시 일상에 스며들기를 반복하며 성장을 위한 변곡점이 되어 보다 나은 재성장을 위한 이론과 실제를 재창출한다.

076. 여기에서 출발(여름 캠프)

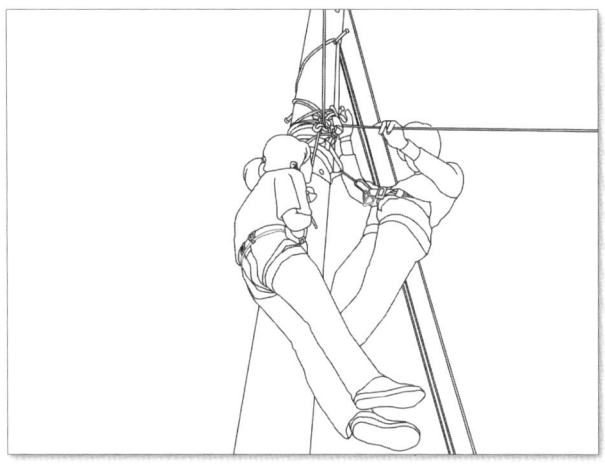

포천에서 열린 장애인 여름 캠프 참가자가 외줄 하강을 위해 출발선에 선 모습이다.

그 당시 특수교육은 학교라는 울타리에 갇힌 채 바깥세상과는 거의 왕래가 차단된 분리교육이 대세였고 교육과정 역시 대학진학을 위한 입시교육반인 우반과 대충 시간때우고 졸업장 받음으로 정리되는 열반으로 나뉘어 적용되었다. 교육의 평등이 배제된 이른바 특수학교 안에 특수반이 설치되어 있었다. 분리 속에 분리된 아이들에게 무기력과 열등감과 콤플렉스는 자연스럽게 학습되고 있었지만 그 현상을 변화시키려는 시도는커녕 주목하는 이조차도 없었다.

일반적으로 사람들이 꾸려가는 사회는 보통사람에게는 익숙한 공간이지만, 그 사람들과의 관계 맺기에 어려움이 있는 우리 아이들에게는 낯선 공간에 더해 낯선 사람들에 대한 불안 내지는 공포가 서려 있는 특별한 공간일 수도 있다.

거기에 더해 우리 사회에서 노동력을 상실한 이들, 특히 장애인들은 전형적 약자일 수밖에 없는 사회구조다. 이러한 약자들의 모습에서 일종의 VIP로서의 지위가 부여되었다고 느끼는 사람들에게는 타인의 아픔에 공감하는 능력을 키워주는 노력 즉 감성 교육이 절대로 필요하다. 세세한 생활과 감정의 결속에서 저와 다르지만 같고 이해할 수 없지만 이해받고 이해하려고 노력하는 사람들의 목소리를 들을 수 있어야 한다.

분명 사람은 나와 너를 명확하게 이해할 수는 없다. 그러니 서로가 잘 알지도 못하는 우리는 서로 무시하지 말아야 한다. 그래야 행복의 기회를 더 많이 맞이하고 즐거워할 수 있다.

077. 한발 한발 조심해서(장애인 영농캠프)

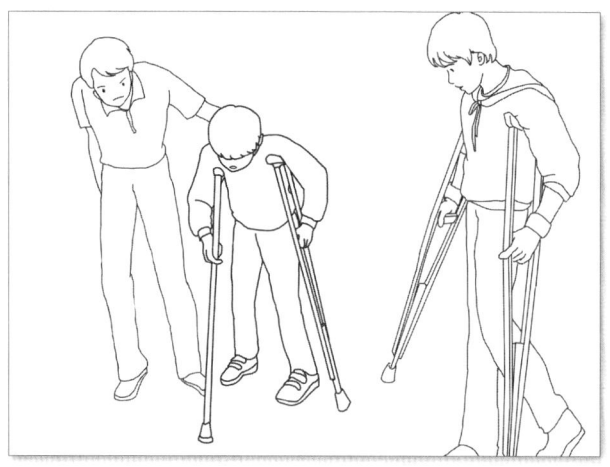

자립농원에서 개최된 장애인복지형상회의 영농캠프의 한 장면이다.

이 세상에서 가장 아름다운 단어는 아마도 "어머니" 혹은 "엄마"이지 싶다. 특히 심신과 감각의 문제로 장애를 안고 살아갈 수밖에 없는 특수아에게서 어머니, 엄마의 존재는 절대적이다. 어머니 또한 자기 장애 자녀가 인생의 전부일 수밖에 없을 것이다.

그런데 그 지극한 사랑이 상처를 입히기도 한다. 부모는 자녀가 어릴수록 사랑이라는 이름으로 묶어 자신만의 울타리 안에 가두는 경우가 흔하며, 장애 자녀의 부모는 대부분 이런 경우에 속한다고 해도 과언이 아니다. 대개의 특수아 부모들은 자녀의 불확실한 미래에 대한 걱정과 불안과 대비책에 따른 조급함으로 서두르기 일쑤다. 어린 자녀에게는 아직 오지 않은 미래의 시간과 환경임에도 불구하고 지나간 시간과 환경에 대한 자신의 경험치를 기준하여 얼마 남지 않은 자신의 미래와 자녀의 미래를 동일시한 결과다. 현실을 살아가야 할 시간이 많이 남은 자녀의 장애로 인한 조급증으로 인해 자녀의 발달과 능력에 따른 적절한 속도 조절에 실패하고 자녀는 그 속에서 자기만의 적응방법에 성공하는 수순을 밟게 된다.

특히 특수아가 교육의 장에 들어서게 되면 그 자녀를 키우는 부모들의 공통된 관심은 읽고, 쓰고, 셈하기 중심의 학습 성과에 집중되어 자녀의 잠재력보다는 성취력에 우선하는 경향을 띠는 경우가 흔하다. 특수아도 나름의 발달단계를 지니고 있고 적절한 때가 되면 그에 상응하는 결과를 나타내는 각자적 존재라는 사실을 이해하고 인정하며 존중해주어야 한다.

특수아를 양육하거나 가르치는 보호자나 교사들이 명심해야 할 중요하고도 중요한 것 중 하나가 아주 사소한 일이라도 들어주고 이해하며 진심으로 칭찬해 주어야 한다는 것이다. 즉, 기다려 주고 믿어주기를 생활화해야 한다는 것이다. 조급함은 부모와 자녀 간의 사랑을 엇박자로 엮을 수도 있기 때문이다.

078. 깨끗이 닦아요(장애인 영농캠프)

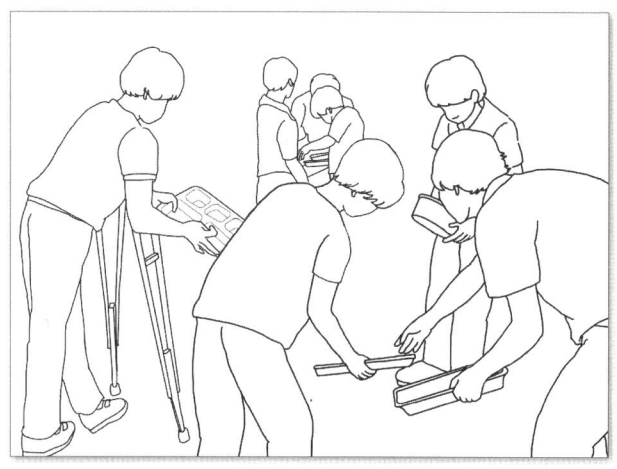

영농캠프장에서 식사 후 설거지 장면이다.

대부분의 특수아는 발달의 불균형과 전반적 발달지체와 잠재력과 성취력의 차이와 개별성이 강한 공통성을 보인다. 그래서 대다수 우리 특수아는 천천히 느리게 자란다. 빨리빨리 빠르게 자라는 것도 성장이고 천천히 느리게 자라는 것도 성장이다. 성장은 같은 능력에 의해서가 아니라 각기 다른 능력에 의해서 나타나는 것이기에 수량화하거나 서열화할 수 없다.

한 개인에게 운명적으로 주어진 유한한 시간은 시계(크로노스)의 시간과 의미(카이로스)의 시간으로 나뉜다. 이 두 가지 시간은 활동을 통해 드러나고 그 개인의 삶을 결정짓는다. 당연하게도 같은 시간이라 하더라도 장애인의 시간은 다르게 흐른다.

장애인은 그 자신이 가지고 있는 개인차와 장애로 인한 발달상의 개인차로 인해 획일적이거나 보편적인 방법으로는 단계별로 필요한 발달의 충족이 어렵다. 이러한 장애인의 특성상 인지하고 습득하는 시간이 길어지고 길어진 만큼 필요한 크로노스의 시간은 늘어나게 된다. 그만큼 삶의 여백은 줄어들 수밖에 없다. 유치원부터 초, 중, 고등학교까지 때마다 배우고 익혀야 하는 내용이 있지만 배워야 할 시기를 놓치면 시계 시간인 크로노스의 시간은 늘어난다. 이는 곧 장애인 평생교육의 필요성이 된다.

장애인 교육의 핵심인 개인차를 위한 교육이 이루어지기 위해서는 심신에 체화된 시간, 체험의 시간, 체득의 시간, 경험의 시간으로 천천히, 개인에게 맞는 의미에 의미를 더한 카이로스 시간 즉, 의미의 시간이 필요하다. 의미를 위한 시간을 담보할 수 있는 것이 바로 장애인 평생교육이다.

079. 에구! 식당이 왜 이리 멀어(장애인 학급야영)

강원도 북한강 수계인 춘천의 춘천댐과 의암댐 사이에 있는 위도에서 열린 학급야영 중 식사를 위해 이동하는 장면이다.

이동하기 전까진 분명 뭔가 재미있는 일이 있었을 것 같은데 곳곳에 널린 돌, 낙엽, 나뭇가지, 울퉁불퉁한 지면 등 보행방해물(흔히 일반인은 대인지뢰라고 하는 인분을 말함)을 피해 곡예걸음을 해야 하는 그들의 입장에서는 여간 조심스러운 일이 아니기에 두 아이의 표정이 밝지만은 않다.

인위적 편의시설에 익숙한 그들이 있는 그대로 날것 속에서 생활을 해야 하는 친자연 캠프에서 이동하는 것 자체가 하나의 임무가 된다. 아동의 입장에서는 캠프의 꽃 중 하나인 먹는 즐거움을 위해 식당까지 가야 하는 보행이 무의식적인 임무지만 캠프 운영자의 입장에서는 철저하게 계산된 프로그램의 하나이다. 의도적지만 의도적이지 않은 것처럼 기획된 학습프로그램이야말로 재미와 흥미와 의미를 더해 의의를 만들어 내는 묘약이다.

    1981년부터 2021년 지금까지 이어지고 있는 우리 아이들과의 친자연 캠프의 시작은 장애를 가지고 있는 아동들도 경험을 통하여 학습할 권리와 학습의 내용을 선택할 권리가 있다는 소신에서 출발했다. 필자의 초등학교 시절 보이스카우트 활동에서 캠프는 생존 훈련 중 하나였지만 교사가 된 후에는 교육과정의 하나로 접목해보고자 했던 나의 아집의 소산일 수도 있다.

    그러나 분명한 것은 교육이란 가치 있는 것을 전수하는 작용이지 제한된 기술이나 사고방식을 길러주는 훈련과는 다르다는 확신은 지금도 유효하다.

080. 예쁜 풍선과 함께하는 첫 비행(장애인 여름 캠프)

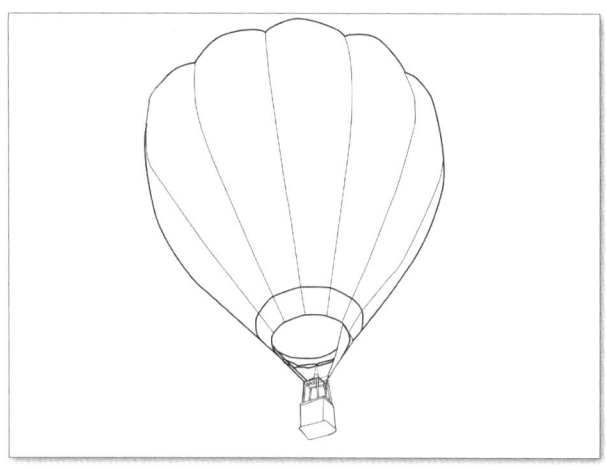

제3회 장형회 장애인 여름 캠프 중 열기구를 활용한 공중활동의 한 장면이다.

예쁜 풍선을 타고 하늘을 나는 꿈을 실현시킬 수 있는 흥미로운 하늘 레포츠인 열기구는 더운 공기가 차가운 공기보다 가벼워 위로 올라간다는 간단한 원리에 의해 만들어졌다.

대다수 지체장애아들은 사지와 체간의 장애로 인해 주로 움직임과 자세(positioning)에 문제로 인해 어려움을 겪는 경우가 흔하다. 특히 자세는 낮

동안에 치르는 모든 활동과 관련이 매우 깊다. 모든 활동에서 성공적이려면 아동의 자세가 좋아야 한다. 바르게 앉아있는 자세는 손을 자유롭게 하며 머리를 들고 눈을 사용할 수 있으며 시야를 넓힌다. 눈과 손의 바람직한 활동들과도 관련이 있다. 특히 뇌성마비 아동이나 정형외과적 장애가 있는 아동에게 주의해야 할 사항이다.

움직임(운동)을 관장하는 소뇌는 생명에 직접적인 영향을 미치지 않고 전반적인 마비상태로 이어지지 않기 때문에 중요성이 강조되지 않지만, 소뇌의 성숙은 두뇌를 더 효과적으로 만들어 주므로 청소년기의 운동은 필수적이다. 소뇌는 추상적인 개념을 순차적으로 정리하는 능력과 시각적 정보를 종합하여 처리하여 학습이 효과적으로 이루어지도록 돕는 역할과 함께 감정(두려움, 즐거움, 주의력 등)을 느끼는데에도 연관이 있기 때문이다.

특수아들의 공중활동은 1987년 지체부자유 특수학교인 삼육재활학교 교사였던 필자의 주도에 의해 경기도 청평의 북한강에서 요트캠프와 함께 처음 실시되었고 이어서 열기구 탑승과 패러글라이딩도 즐기게 되었다.

특수아 중 지체장애아들의 그림을 보면 하늘을 나는 새나 비행기 등의 그림이 많은데 이것은 제대로 걷거나 뛰지 못하기에 나타나는 그들의 인간 본질의 표현일 수도 있다. 특수아들의 행복을 위한 실천의 장은 고정관념을 깨고 보아야 가능한 것인데 공중활동 역시 예외는 아니다.

081. 미리 하는 진흙 마사지(장애인 여름 캠프)

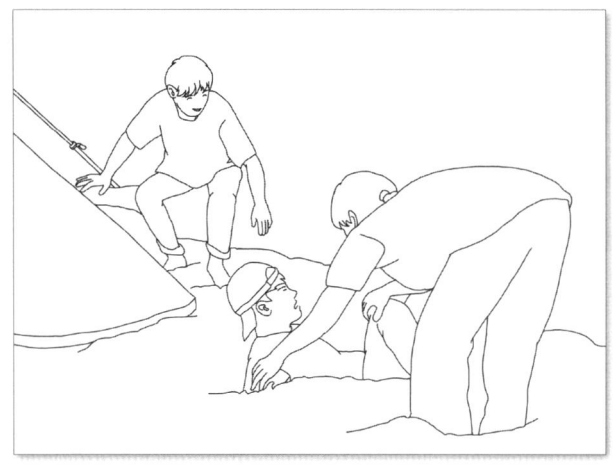

제3회 장애인 야영대회에서 개척물의 한 코스인 경사판 오르고 미끄러져 내리기에서 봉사자가 테스트하는 장면이다.

 이 경사판은 회원들이 대회 시작 2개월 전부터 원시인의 삶처럼 거의 맨몸으로 땅 파고 고르고 나무를 자르고 다듬어 준비한 것이다. 이미 수차례에 걸쳐 실제 체험을 마친 상태라 진흙 강아지처럼 되어버린 자원봉사자들의 몰입된 동작들이 무척 인상적이다. 이러한 캠프를 비롯한 장애인과 함께 하는 모든 자연 친화적 활동의 핵심은 같은 상황에서 같이 즐거움을 누려야 한다는 것이다. 지시자와 수행자가 따로 있는 것이 아니라 공동의 운영자로서의 교감이 매우 중요하다.

교감은 감각기관의 수행과 매우 밀접하게 연관된다. 감각기관을 통해 외부 자극을 감지하고 반응하는 건 인간을 비롯한 생물의 생존에 필수조건이다. 인간은 눈, 코, 귀, 피부, 입의 오감기관에서 감각된 시각, 후각, 청각, 촉각, 미각을 받아들인다. 이러한 오 감각을 제대로 느끼지 못하게 되면 흔히 말하는 시각장애, 청각장애, 감각장애 등으로 명명된다.

그중에서도 촉각으로 대표되는 피부 감각은 물체가 닿는 것을 느끼는 촉점은 손가락 끝에 많이 분포되어 있어 시각장애인들이 점자를 읽을 때 손가락 끝을 사용하는 것과 같은 이치다. 특수아의 수업에서 피부 감각을 이용한 수업은 의외로 많으며 그 효과 또한 높다. 예를 들면 일반적으로 달래거나 얼러주기 위한 방법으로 자주 쓰이는 안아주기는 적당한 촉점을 느끼게 함으로써 학습자를 안도하게 하는 교수 방법 중 하나다.

이러한 방법은 사춘기에 들어선 학습자의 그룹 수업에도 응용할 수 있는 방법인데, 처음에 지목한 학습자 한 명을 맨 아래에 엎드리거나 눕게 한 후 다른 학습자를 순서에 관계없이 가로 세로로 피라미드처럼 쌓아 올려보게 한다. 이렇게 한두 번쯤 시도하고 나면 학습자들 스스로 피라미드 쌓기에 열정을 보이게 되고 시간이 지나면서 너도나도 맨 아래에 깔리기를 자청하는 경우가 많아지는 것을 목격할 수 있다.

여기에서 전제가 되는 것은 교사 역시 지시자가 아니라 학습자로서 그 피라미드 쌓기에 당연히 참여를 해야 한다는 것이다. 모든 수업의 기본은 재미있어야 한다. 그 재미의 원천이 되는 것 중 하나가 지시자가 학습자의 입장이 되어 같이 놀아줌으로써 기준을 없애주는 기회를 제공해주는 것이다. 그 기회 제공에서 촉점을 활용한 느낌으로 소통을 시도해 공감력 신장을 도모하는 이른바 몸으로 하는 재미추구야말로 특수교육적인 방법이 된다.

082. 야호! 신난다(장애인 여름 캠프)

장애인 야영대회에서 외줄 하강의 한 장면이다. 요즘 들어 관광지마다 유행처럼 번진 짚라인의 원조 격인 셈이다.

장애인과 함께하는 캠프에서 외줄 하강은 1982년 지체장애 특수학교인 삼육재활학교의 삼육 575대 보이스카우트 캠프 때부터 실시되었다. 이를 계기로 1988년 우리나라 등산 역사에 이색등반으로 기록된 지체장애인 인수봉 암벽등반까지 이어지며 열기구, 패러글라이딩, 패러 세일링 등의 공중활동으로 확대되어 장애인레저스포츠의 한 장르로 자리매김 중이다.

사실 외줄 하강은 그 효율성이나 안전에 대한 이론적 근거나 과학적 증거는 거의 없는 순전히 경험치의 산물이었다. 한마디로 고소 공포를 맛보고 이겨내며 이동하는 짜릿함에 우선한 프로그램이었다. 그렇게 기획된 프로그램이었지만 사고가 단 한 건도 없었다. 그때나 지금이나 혹자들은 하늘이 도왔고 운이 좋았으며 엄청난 재수였다고들 한다. 그런데 정작 나는 덤덤할 뿐이다. 아이들이 몸으로 느껴지는 짜릿함을 통해 삶의 시간을 여유롭게 만들어가는 계기가 되기를 바랐기 때문이다.

　그러나 장애가 현실이듯 사고도 현실이기에 안전에 대한 철저한 대비는 백번 강조해도 무방하다. 안전 우선과 사고 없는 안전은 단지 근사한 표현 그 이상이다. 안전은 모든 캠프와 캠프 프로그램에서 계획, 조직, 구현되어야만 한다. 각 캠프는 그들의 프로그램, 설비, 잠재적 위험 접근 보수 관리에 주시해야만 한다. 과거 사고 기록은 캠프 관리자에게 사고가 발생한 이유, 가능성, 장소에 지표를 제공할 수 있다.

　장애인을 위해 계획된 캠프 경험의 많은 장점들은 사회성 성장, 자존심 증대, 기능 학습, 모험적 도전, 직능 개발, 즐거움을 포함한다. 이를 위한 캠프에서 장애인에 대한 봉사에 있어 결정적 요소 중 하나는 캠프 집행부가 전문 프로그램 설립 이전에 장애에 대한 기본 지식과 장애인에 대한 봉사 방식을 알아야 한다는 것이다. 집행부원은 부가적인 훈련과 캠프참가 장애인에 더 나은 편의 제공을 위한 이해가 필요하다.

오늘날 캠프 프로그램은 모든 캠프 참가자들에게 나은 편의를 제공하기 위해 전통적 방식에 대안적인 접근이 필요하다. 캠프에서는 의. 식. 주의 3가지가 잘 조화되어야 하며, 천막으로 만든 숙소지만 안락하고 건강과 위생에 손색이 없어야 한다. 뿐만 아니라 야외취사에도 불편이 없도록 시설하는 일이야말로 야영 생활의 성패를 결정짓는 요소라 할 수 있다. 야영 생활은 산, 들, 호수, 바닷가, 구릉지 등 자연 속에서 이루어지는 모든 활동을 말한다. 그러므로 야영은 청소년들에게 욕구와 흥미를 유발시켜 체험을 통한 인격 형성으로 장차 국가와 사회에 공헌할 수 있는 자질을 길러주는 데 목적이 있다.

특수아들의 야영 생활의 목적이나 의의는 일반아와 다를 바 없다. 다만 그 실행방법에서 약간의 준비와 장소의 선택에 주의를 기울이면 무난한 야영 생활을 즐길 수가 있다.

083. 한번 날아 보자(장애인 야영 캠프)

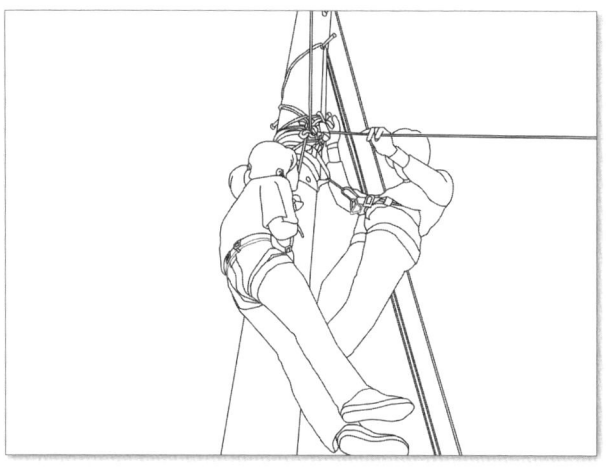

장애인 야영 캠프에서 장애아가 외줄 하강을 위해 출발선에 매달린 모습이다.

이 캠프는 「미미와 철수의 청춘 스케치」라는 영화 촬영도 함께 이루어 졌다. 배우 강수연의 미미와 배우 박중훈의 철수라는 남녀주인공이 장애인 시설에서 자원봉사 활동을 하며 애틋한 사랑을 꾸려간다는 내용이었던 것 으로 기억된다. 멀쩡한 날씨에 비 오는 장면을 찍기 위해 소방차를 동원한 물 뿌림으로 인해 우리 아이들이 추위와 반복되는 재촬영으로 고생이 심했다. 그래도 당시에 우리 아이들은 마냥 즐거워했다. 산속이라 불편하기도 했지만 함께 동행한 자원봉사자들과 촬영 스태프의 진심 어린 관계유지와 공감으로 인한 원만한 소통이 그 기반이었을 것으로 생각된다. 언제 어디서 어떤 상황에서도 상대방과 입장 바꾸어 보기는 소통의 뿌리가 된다.

외줄 타기는 1982년 보이스카우트 삼육 575대 뒤뜰 야영에서 시작되어 조건이 가능한 캠프에서는 두 줄 타기와 함께 거의 빠짐없이 설치 운영되었다. 지체장애인을 비롯한 대부분의 장애인들은 행동의 속도가 느리기에 빠른 속도감에 대한 경험이 거의 없는 경우가 많다. 그러다 보니 높은 곳이나 넓은 곳에 대한 두려움도 많다. 장애인들은 해보지도 않았는데 미리 그럴 것이라 단정하고 애초부터 접근할 생각도 하지 않는 경우도 흔하다.

외줄타기 출발점의 기본 높이는 지상 약 10-15M 정도로 설정하는 것이 일반적인데 그 이유는 통상 인간의 고소공포를 유발하는 높이가 지상 10-20M 내외이기 때문이다. 예를 들면 우리나라 최정예부대로 자부하는 공수부대의 낙하 연습대인 막타워의 높이가 11m에 설치된 것도 인간의 고소공포 유발점을 고려한 것이다. 실제로 우리 아이들과 함께 공수부대에 입교해 군복을 입고 경사판을 비롯한 장애물 통과와 막타워 하강훈련까지 체험해 보기도 했다. 그 과정에서 도저히 실행에 옮길 수 없는 장애인도 물론 있었다.

외줄타기 체험자의 기본자세는 상하 안전벨트의 올바른 착용과 기존의 하강 줄에 연결되어 자신의 체중을 유지해주고 이동 간 자세를 버틸 수 있게 해주는 생명 줄을 제대로 잡고 전방을 똑바로 주시하며 착지점의 발신자 신호에 민감하게 반응하는 것이다. 하강 시 체중에 의한 가속도가 붙는데 20-30m 정도의 하강 길이는 별도의 속도조정 없이도 안전한 하강을 할 수 있다. 다만 하강 대상자 중 고소공포증이 있는 사람의 경우 억지로 시켜서는 안 된다는 사실에 주목할 필요가 있다.

　우리 아이들과의 모든 활동에서 가장 우선시해야 할 것은 바로 안전이다. 이미 장애로 인한 삶의 어려움을 겪고 있는데 안전사고로 인한 죽음이나 제2 제3의 장애가 첨가된다는 것은 절대로 있을 수 없는 일이다. 그렇다고 해서 아무것도 하지 않는다는 것은 더더욱 장애를 심화시킨다. 안전을 최우선으로 고려한 환경에서 즐거움을 통한 행복 찾기를 하도록 하는 것이다.

084. 장애인 보이스카우트 575대

제1회 장애인 스카우트 야영대회가 1985년 경기도 고양군 서삼릉 스카우트 훈련장에서 개최되었다.

우리나라에서 특수아들이 조직적인 야영을 시작한 것은 언제부터인지는 확실하지 않다. 조직적인 특수아 캠프는 스카우트 활동으로서 1955년 서울맹아학교에 유녀대가 조직된 것을 최초로 하여(한국걸스카우트연맹, 1997), 한국장애인재활협회(1969), 삼육아동재활원(1972), 정립회관(1974), 한국뇌성마비복지회(1981), YWCA(1981), 삼육재활학교(1982), 서울장애자복지관(1983), 한국보이스카우트연맹의 장애인 보이스카우트 야영대회(1985)가 뒤를 이었다.

삼육 스카우트 575대는 한국 스카우트 연맹의 특수대로 조직되었다. 삼육 보이스카우트 575대를 처음 맡았던 교사는 호주로 이민 간 학교 선생이었다. 그러다가 1981년 5월부터 근무를 시작한 필자가 맡았다가 경기도 광주로 이전 한 후 1997년에 해체되었다. 한국보이스카우트 연맹의 특수대인 삼육575대는 스카우트 정신이 투철하고 장애인에 대한 인간애의 열정이 뛰어난 대장들이 많이 포진해있었다.

장애인 보이스카우트 야영대회는 시각·청각·지체 장애인 및 정신지체 보이스카우트 대원들의 합동 야영대회로, 매년 한 차례씩 계속해서 실시하고 있어 야영 활동의 불모지나 다름없었던 특수학교에 캠프를 보급하였다는 점에서 그 의의를 찾을 수 있다.

1988년 장애인올림픽 이후 생활시설, 이용시설, 특수학교, 사회교육단체, 장애관련 임의단체 등에서 캠프를 비롯한 수련회, 수상활동, 산악훈련, 도심지 적응훈련, 감수성 훈련 등 다양한 프로그램들이 산발적으로 실시되고 있다. 1990년대 들어 단기간(1박2일)의 하계캠프가 주류를 이루었으나 크게 확산되지 못했고, 1999년 한국보이스카우트 서울 남부연맹이 서울 정진학교에서 장애청소년과 일반청소년을 일 대 일로 통합한 통합캠프가 실시되었다. 우리나라 특수학교 캠프 유형은 주최자 중심의 집단활동 형태를 취한 집중캠프이며 캠프 기간은 단기 캠프이고 기존숙박시설을 이용하는 고정캠프로 주로 여름철에 실시하며 동계캠프는 아직 실시한 적이 없다.

한편, 임의단체인 장애인복지형상회, 사회복지촉진협의회, 부름의 전화, 서울특수교사 여가교육 연구회 등에서도 나름대로의 특색을 가진 캠프가 열리고 있다. 장애인복지형상회는 지속성과 일관성을 가진 자연 친화적 캠프 활동을 통해 캠프를 장애인 레포츠의 한 방법으로 정착시키고자 노력하고 있다.

최근 들어 청소년들에 대한 인성계발 방안의 하나로 캠프 활동이 적극 권장되고 있으나, 장애 청소년들에 대한 배려는 거의 없다. 전반적으로 청소년들을 위한 시설 자체가 부족한 것이 더 큰 문제이지만, 기존의 야영장이나 시설을 장애인들도 함께 이용할 수 있도록 하는 배려가 매우 아쉬운 실정이다.

특수아들에게도 그들 나름의 레크리에이션으로써 생활의 활력과 아울러 인생의 즐거움과 기쁨을 표현하고자 하는 인간의 욕구를 되찾아주는 동기를 부여하는데 야영 생활은 매우 걸맞다고 할 수 있다. 또 주변 사회인들과 상호교류의 장으로써 사회와의 재결합을 촉진시켜 서로 동등하게 존중받는 시민으로서 인정을 받도록 추진시킬 수 있는 기회 제공도 얼마든지 가능하다.

특수아들에게 야영 생활 자체가 어떤 효과를 주느냐는 물음보다 특수아들이 집에 있지 무엇 때문에 사서 고생을 하느냐는 식의 시각이 아직도 많으며 이런 시선이 특수아들의 활동을 저해하고 있다. 필자가 지난 82년부터 계속 실시해 온 야영 생활의 경험으로는 우리 특수아에게 알맞은 야영장은 찾아볼 수가 없었고 기존에 있는 야영장에서도 특수아들의 야영 활동을 매우 꺼리거나 아예 거절당한 사례도 있었다.

사실 특수아들의 야영이 일반아에 비해 그리 큰 시설물이나 프로그램을 요구하는 것은 아니다. 예를 들면 식수대나 화장실, 진입로 정도의 손만 약간 보아주면 아무런 문제가 없는 것이다. 다만 인식 문제가 가장 큰 장애물로 등장할 뿐이다.

085. 해양소년단 408선대

북한강 탐사에서 활동 중인 해양소년단 고무보트와 탐사 대원들.

한국해양연맹 소속인 해양소년단 408선대는 1986년 우리나라 최초로 조직된 장애인 특수대다. 사실 해양소년단 결성은 수상 활동 장비와 해양 전문가의 도움을 받기 위한 의도적 행위였다.

그 첫 번째 활동은 그해 7박 8일간 실시된 북한강 탐사였다. 이어서 1987년도 전국장애인요트캠프, 1988년 남한강 탐사, 1989년 금강 탐사에

이어 1990년부터 레저스포츠의 새로운 흐름인 래프팅으로 전환해 한탄강, 홍천강, 서강 등의 탐사 활동으로 즐기다가 1993년 필자의 소속변경과 함께 해양소년단 408선대 또한 해체되었다. 이어서 새로 부임한 학교에서 시작된 한강, 동강 등 수상프로그램으로 재시도 되었고 이를 모태로 1996년부터 자연사랑이동캠프로 자리매김 되었으며 2001년 필자가 소속된 단국대학교 특수교육연구소의 특수교사 연수 프로그램의 하나로 지정·운영되기도 했었다.

이런 일련의 과정들은 패럴림픽 등에서 극기를 통한 메달 경쟁으로 국위선양을 위한 소수의 엘리트중심인 장애인 체육계의 한계를 벗어나고, 중증 장애인을 비롯한 다수 장애인의 참여기회 확대를 통한 즐거움 향유추구의 한 방안으로 시도된 것이다. 다시 말해 특별한 능력으로 인정되는 기량으로 경쟁하는 스포츠가 아니라 각기 다른 능력으로 이해되는 기량으로 즐기는 스포츠 보급이 목표였다. 거기에다 일하는 시간보다 여가 시간이 더 많은 중증 장애인을 비롯한 대다수 장애인의 여가 생활을 위한 생활 스포츠 보급 또한 절실했다. 결과적으로 초기의 해양소년단 408선대의 활동은 오늘날 여가와 스포츠의 합성어인 레포츠 즉, 장애인 레저스포츠의 한 축으로 작동하는 수상 활동의 마중물 프로그램으로 기여했다.

필요(needs)는 발명의 어머니라고 했던가. 1981년부터 시작된 교사 생활. 장애는 결코 낫지 않는다는 종례시간의 내 말로 인해 엄청난 파장을 겪었던 우리 아이들과 나. 그래서 우리 아이들은 자신의 장애를 인정하고 나는 그들이 그렇게 할 수 있는 기회를 만들어 주겠노라고 작정했다.

그 첫 번째 시도인 학교 울타리를 넘어서 바깥세상 좀 구경하려고 했던 일명 바깥세상 구경하기가 무위로 돌아가면서 그 대응책으로 만들어 낸 것이 자연 친화적 활동이었다. 자연 친화적 활동에서 가장 시급했던 것은 참여자 모두의 안전 확보였고 이에 따른 장비와 전문성과 자원봉사자 충원을 위해 급조한 공인된 행정체계가 보이스카우트 삼육 575대와 해양소년단 삼육 408선대였다.

이러한 작업의 기반은 학습자들의 생활공간을 학교라는 공간에서 사회적 공간을 뛰어넘어 자연 속 공간으로 이동시켜 스스로 해봄을 통해 성공과 실패의 경험치를 넓혀주고자 함이었다.

086. 이색등반

우리나라 등산 역사에서 최초의 이색등반으로 기록된 지체장애아 인수봉 암벽 등반장면이다.

1980년대 들어 구체적인 눈을 뜨기 시작한 우리나라 장애인복지에서 일반인에게 가시적으로 보일 수 있는 가장 좋은 장애 유형은 운동과 자세에 어려움이 있는 지체장애인이었다고 할 수 있다. 한마디로 불쌍한 장애인 하면 금방 연상되는 유형이 지체장애인이었기에 그들의 극기 활동에 대해 공개적으로 부정적인 입장을 취하는 경우가 많았다.

이런 배경으로 인해 이 등반은 기획에서부터 실행하기까지 우여곡절이 꽤 많았었다. 그중에서 가장 힘들었던 것이 우리 아이들에 대한 사람들의 몰이해였다. 팔다리를 제대로 쓰지 못해 마음대로 뛰기는커녕 일어서거나 걷지도 못하는 아이들이 일부 전문 산악인을 제외한 일반인들도 감히 엄두조차 내지 못하는 암벽등반을 한다는 건 쉽게 납득할 수 없는 발상이자 도저히 이해가 되지 않는 해괴망측한 짓거리로 여겨졌을 수도 있었다.

실제로 지체장애인의 인수봉 암벽등반은 그들을 위한 것이 아니라 보이기 위한 쇼이자 불쌍한 아이들을 사지로 내모는 치졸하고 극악한 행위라고 입에 거품을 무는 이들도 있었다. 일견 그들의 주장이 옳을 수도 있었겠지만 정작 중요한 것은 장애 당사자들의 의견이었다.

이미 1983년부터 실시했던 캠프에서 암벽등반은 하나의 프로그램으로 자리 잡고 있었고, 1986년 관악산 캠프에서는 암벽등반에 따른 장비 일부와 대학 산악부원들의 자원봉사 활동이 자리매김 되어 있는 상황이었다. 아울러 암벽등반은 그동안 야영 활동에서 단연 인기를 끌었던 프로그램이기도 했지만 우리 아이들의 넘치는 호기심과 해보겠다는 열정이 이 등반의 원동력이자 추진력이었다.

그들은 우리 운영진에게 자신의 신체적 장애에 대한 불안감보다는 이를 넘어서는 문화적 경험과 짜릿한 체험을 애타게 갈구하고 있다는 확신을 선명하게 심어주었다.

사지 체간의 문제로 움직임이 힘든 그들의 겉모습과 우리나라 암벽 중 단일암벽으로는 제일로 치는 거대한 인수봉과의 대비는 그야말로 달걀로 바위 치는 격일 수도 있다는 생각을 했었다. 뒤집어 생각하고 결정하면 무섭게 달려들었다. 지금도 우리 아이들에게 정말로 필요한 것은 지적인 충만 보다 몸으로 느껴지는 재미로 삶의 시간을 여유롭게 만들어야 한다는 생각은 추호도 변함이 없다.

몸으로 느껴지는 재미는 자연 속에 무궁무진하게 널려있다. 그 재미를 표현한 것이 예술이다. 우리 아이들과의 자연과 함께함은 곧 예술 행위다. 지체장애인의 인수봉 암벽등반은 이색등반이 아니라 자연에 적응하려는 예술 행위였다.

087. 썰매 타기

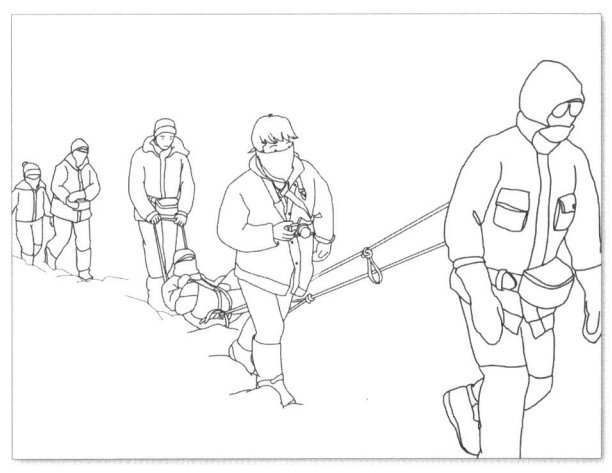

적설기 등반에서 썰매로 하산 중인 등반대원의 모습이다.

　지면과의 마찰력을 통해 몸의 중심을 유지하고 조절하면서 이동과 멈춤을 반복하여 오르고 내리는 활동을 지속해야 하는 등반에서 고르지 못한 지면에 눈이나 비 또는 추위로 인한 미끄러움은 자칫 커다란 안전사고를 유발할 수 있는 원인이 된다. 미끄러움은 결코 사소한 것이 아니므로 이를 절대 간과해서는 안 되며 이에 대한 대비 또한 철저히 해야 한다. 일반적으로 등산용 배낭의 조임끈 장치, 발목보호를 극대화한 등산화, 등반용 스틱, 아이젠 등의 장비는 미끄럼 방지를 위한 안전장치이다.

한편 미끄러움은 순기능도 있다. 적설기 등반에서 쌓인 눈의 미끄러움은 일몰 전 활동 완료 준수나 등산의 피로도로 인한 장비운송, 개인별 체력 소모 차이가 큰 사람들의 빠른 하산에 순기능으로 작동할 수 있기에 장형회의 등반 활동에는 자주 쓰이고 있기도 하다.

1999년 적설기 태백산 등반 후 하산 길에, 미끄럼 타고 내려가던 사람과 부딪쳐 우측 골반을 크게 다친 부상자의 신속한 이송에 매개 역할을 한 것이 바로 미끄러움이란 자연현상이었다. 부상자 발생지점은 경사가 심하고 바람이 거센 데다 음지여서 체온이 급격히 떨어지고 있었다. 겨울 산에서 저체온증은 생명과 직결되는 것이기에 부상 부위는 물론 전신 보온 대책과 안전지대로의 신속한 이송이 필수다. 처음에는 허리 부분이 다친 것으로 여겨졌으나 다행히도 본인에 의식이 있어 몇 군데 짚어보니 오른쪽 골반 상단이 아프다고 한다. 목도 가누고, 의식도 있고, 모로 누워있었다. 반듯이 눕히고 무릎을 펼 수 있을 정도로 보아서 자세의 바른 위치가 필요했고 도움과 장비들이 필요했다.

다행히 우리 팀은 숙박 장비를 휴대했기에 매트리스와 침낭 그리고 필요한 인원을 바로 지원할 수 있었고, 중 고등 학교 때 적십자에서 배운 응급처치법이 아주 유용하게 쓰였다. 우리가 취한 응급처치 덕에 나중에 합류한

구조대가 훨씬 수월한 구조 임무를 수행할 수 있었다. 최초 발견부터 주변 정리, 부상 위치 정도 파악, 주변 지형지물 이용, 응급처치, 보온, 심리안정, 구급요청, 후속 처리까지 침착하고 주도면밀하게 마치 구조 매뉴얼이 있는 것처럼 일사천리로 처리했다. 지식과 경험이 어울린 지혜가 삶의 현장에서 유감없이 발휘됐던 시간이었다.

088. 설렘 그리고 환희

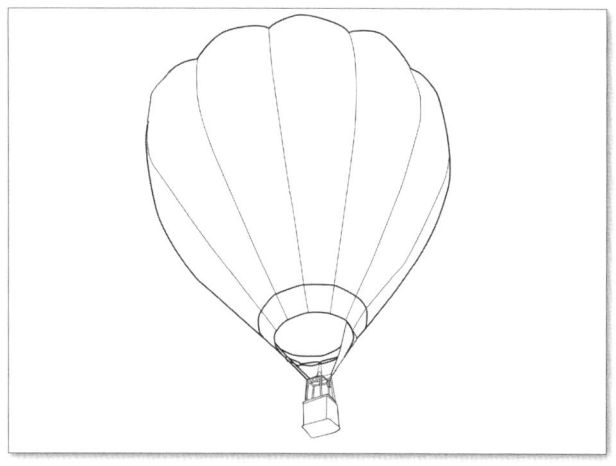

시간이 다르게 흐르는 우리 아이들에게 생각하게 해주고 싶어 시작한 것이 자연 친화적 활동을 통한 공간의 제공이었다.

우리 아이들이 몸으로 부딪쳐 느끼는 나름의 감성 곧, 소소한 재미와 감흥으로 정서를 북돋는 활동을 통해 스스로 생각하고 움직이는 기회의 장을 자주 만들어 주고자 했다.

젊은 날. 아이들과 함께 자연으로 떠나기 전날엔 시작도 하기 전에 그 시행과정들이 생각한 데로 정확하게 진행되는 것이 분명하게 그려지면서 성공의 환희를 미리 맞이하곤 했다.

어떤 경우에는 어젯밤의 과정이 실제에서 그대로 드러나 꿈인 듯 현실인 듯 몽롱함에 취했다가 누군가 툭 치거나 '대장님' 하는 외마디 소리에 문득 현실로 되돌아오는 경험도 했었다. 또 어떤 때는 안전사고로 인한 후회와 뒤처리에 따른 고단함과 인명 손실에 대한 정서적 공포에 밤새 시달리며 식은땀으로 범벅이 된 채 샌 날을 맞이하기도 했었다.

그때의 그 생생한 느낌은 지금도 여지없이 소름을 돋게 한다. 그만큼 함께 할 때마다 안전에 대한 공포와 사고 없는 완수의 환희가 교차되며 지내온 시간들이었다. 과장하면 매번 성공과 실패의 기로에서 그 아슬아슬한 줄타기를 견디어 왔다고 할 수 있다.

다만 나이가 들어가면서 안전사고에 대한 염려가 젊었던 시절에 비해 한층 더 깊어지고 있다. 게다가 한 가지 소심하게 걸리는 건 내 몸에 생긴 30년 넘은 당뇨병에 대한 관리 부족은 좀 후회스럽다.

그런데도 여전히 아이들과 함께하기 전의 설렘과 끝난 후에 환희를 맛보고 싶은 것도 사실이다. 제발 철 좀 들라고 하는 주변 사람들의 걱정 어린 충고보다는 비록 대책 없이 책임질 위험을 감수하는 철딱서니라고 해도 오히려 그 줄 위에 선 아찔한 스릴을 맛보는 편이 훨씬 나답다는 생각을 하곤 한다. 그래서 현재에 살면서도 과거에 몰입된 어리석은 자라고 할지도 모르겠지만 내 인생 내 것으로 내가 사는 것이니 나다운 게 장땡이다.

과거는 우리 삶에서 여전히 현재 진행 중인 감각들로 떠돌고 있다. 그래서 이것은 오로지 과거라고만 할 수 없는 이상한 시간성을 가지고 있다. 그 시간성은 종종 눈과 귀와 코와 입과 살갗의 감각들로부터 되살아나 생각을 더듬게 한다. 감각의 향연이다. 과거에 대한 회상은 각자의 감정적 공간으로 끌어들여 무한한 감각의 세계로 안내하여 오로지 나만의 홀로 보는 영화가 된다. 흐른 시간과 멈춘 공간을 기억하는 나만의 과거는 추억이 되어 내 삶의 자양분이 된다. 부디 나와 함께 했던 모든 이들도 그러하기를 바란다.

089. 노마드(Nomad)

장애인과 함께하는 모든 활동은 안전을 위한 규율보다 행복을 위한 자율이 먼저 보장되어야 무한한 자유를 꿈꾸는 행복을 누릴 수 있다.

그렇다고 무한의 허용은 오히려 하지 않느니만 못한 결과를 초래할 수도 있다. 그래서 그들의 감정은 용납하되 행동에는 제한을 두어야 한다. 이왕에 그럴 거라면 강하게 해야 한다. '된다'와 '안 된다'가 분명해야지 어정쩡해서는 안 된다.

그런 상황에서 반드시 등장하는 사람이 자신의 장애를 무기로 쓰는 그래서 가여움을 유발해 자신의 유익을 취하는 사람이다. 이런 사람에게 약이 되는 것은 본인의 의지밖에 없다. 이런 얼빠진 사람의 등장으로 규칙과 질서가 무너질 때가 있다. 인간사에서 제 아무리 자유롭다 해도 규칙과 질서는 분명히 존재한다. 물론 규칙과 질서를 인정하되 그것을 빌미로 제지하고 간섭하는 것이 책임과 의무를 다하는 것처럼 오인되면 곤란하다. 활동가들이 명심해야 할 자원 활동의 기본자세 중 하나가 안전을 이유로 그들을 끊임없이 제지하고 지시하는 것이 아니라 상황에 맞는 시의적절한 융통성을 발휘하는 것이다.

장애인복지형상회는 장애인과 함께 사는 사회를 목적으로 정하고 장애인식 개선, 물리적 환경개선, 장애 당사자의 자존감 고취를 목표로 삼고 그 방법으로 자연 친화적 프로그램을 선택하고 실행했다. 초창기의 친자연 프로그램은 주로 장애 극복을 중심으로 한 극기 활동이었으나 점차 장애 유형과 참가자들의 수가 늘어나면서 다양한 참여기회를 제공하고 경험영역확대를 통한 사회 적응력 신장으로 방향을 설정하였다.

그 대표적인 활동이 도심지 적응훈련이다. 산으로 강으로 맘 놓고 뛰고 노는 자연은 다소 불편했지만 공평했으나 정작 우리가 사는 또 하나의 터인 사회의 인식과 물리적 장벽은 그야말로 절벽이라고 할 만큼 불공평 그 자체였다. 일반인에게는 열린 그러나 장애인에게는 닫힌 사회의 모든 시설물을 우리에게 맞추어 달라고 할 수 없는 명백한 사실 앞에 우리의 장애를 인정하고 적응하기로 했다.

그 과정을 근 1년간 기록한 KBS-TV 정훈 PD의「장애인 도심정복훈련-이제는 파란불이다」프로그램이다. 그 결과물로 서울 시내 전역에 걸친 3년간의 실측과 노력을 통해 전 세계적으로 유례가 없는 지체장애인과 청각장애인을 위한 지도와 시각장애인용 촉각 지도를 출간했다. 이 과정을 기록한 다큐멘터리가「이제는 혼자 가는가」라는 KBS-TV 프로그램이다.

이 과정에서 그동안 주목받지 못했던 장애인의 여가에 대한 욕구가 일반인의 여가 욕구와 별반 다르지 않고 오히려 참여 의지는 일반인보다 더 높다는 사실을 발견하게 되었다. 신체의 장애로 인해 일반인처럼 걷거나 뛰지 못하기에 날고 싶어 하는 그들의 간절한 소망에 자극받아 이를 현실화하고자 했다. 장애인도 여가를 일상생활처럼 즐기는 것이야말로 참여와 평등을 목표하는 사회통합의 중요한 요소임을 확신하게 되었다. 그에 따라 활동 방향이 음악, 미술, 레포츠, 고궁, 박물관, 연극, 영화 등의 관람 및 방문과 아울러 체험을 통한 예술문화까지 확대한 장애인 여가문화의 정착을 도모하게 되었다.

이렇게 축적된 장형회 활동의 핵심은 재미와 즐거움의 추구에 따른 의미 찾기였다. 그 예로 생활캠프를 통해 일상생활 기능을 익히고 관계 맺기를 배우며 즐거움을 향유하는 나름의 여가문화 활동이 그것이다. 한발 더 나아가 고정된 장소의 삶이 그동안의 삶살이 방법이었다면 이동형의 삶의 방식도 고려해볼 수 있다. 강 탐사나 자연사랑 이동캠프 같은 것이다. 최근에 유행처럼 번지고 있는 한달살이 같은 것이 될 수도 있다.

일명 이동화를 통한 장애인과 함께하는 삶살이를 시도해보는 것이다. 일반적으로 고정된 주거에서의 살림살이 형태는 반복적인 일상생활의 연속으로의 인해 자칫하면 삶의 재미나 활력이 정체되거나 권태롭게 될 가능성이 있다. 특히 자폐성 장애를 비롯한 발달장애인처럼 항구적 장애로 평생을 살아내야 하는 경우 장애 당사자나 형제자매를 포함한 가족의 일상생활은 물론 일가친척들까지 직·간접적으로 어려움을 당할 수 있다.

탈시설화와 통합교육을 통해 장애인 삶의 정상화라는 원리를 실현하고자 하는 오늘날의 방향성을 기반으로 고정화된 삶의 방식에서 이동화 내지는 이동형 삶의 방식을 통한 새로운 패러다임의 도입을 제안하고자 한다. 일종의 노마드(Nomad), 곧 유목민처럼 유랑이나 집시의 삶 형태를 접목해보자는 것이다. 그렇다고 돌아갈 곳이 없는 떠돌이 생활을 하자는 것이 아니라 이미 돌아올 곳이 있는 여행처럼 삶의 활력과 재충전을 위한 여가를 사회화하고 정착시켜보자는 것이다.

장애인을 포함한 모든 인간은 유한한 삶일지라도 시간을 의미로 바꾸고 느긋한 쉼을 통해 보다 성숙한 행복함의 재미를 맛볼 줄 아는 여가적 본능이 있다. 여가는 현대사회에서 산업의 발달과 노동시간의 단축으로 인하여 여가활동에 참여하는 기회가 증대되면서 여가에 대한 중요성과 관심이

고조되고 있으며 인간의 행복 추구에 효과적으로 부응하는 역할을 하고 있다. 여가는 개인적인 성취와 창조적 발전의 기회로 활용할 수 있어 삶의 질 향상, 자아 해방, 자아 표현, 자아 성장과 자아실현의 중요한 밑 거름이 되며 인격 및 인간관계 형성, 비행 예방 등에 도움이 된다.

특히 장애인의 여가 생활은 신체 건강을 증진하고, 친구, 가정, 학교 및 사회생활 속에서 반복되는 장애인의 좌절을 극복하는 기회를 제공하며, 일반인과의 다양한 접촉을 통해 대인관계 향상 등의 치유 효과와 장애인 가족 지원을 위한 매우 유용한 프로그램으로 사회통합 효과를 기대할 수 있다.

한국 사회의 대표적인 소외계층으로 분류되는 장애인에게 지금 이 순간을 즐길 수 있는 기회를 제공하는 것은 경제적 불평등해소는 물론이고 문화적 불평등까지 해소하는 선구적인 복지 활동이 된다. 또 장애인 복지정책의 새로운 변화를 촉구하여 장애인의 삶의 질 향상에 기여하고 문화의 시대적 조류에 부응할 수 있다. 이와 같은 노력은 생명력 존중과 공생의 복지구현을 추구하는 21세기의 시대정신과 궤를 함께할 가치로운 일로 자리매김 될 것이다.

090. 또 다른 탐사를 향해서

남한강 탐사 중 양평의 숙영지에서 팔당댐까지 항해하기 위해
준비 중인 대원들이다.

 삶이란 한 개인의 생애 그 자체가 아니라 현재 그가 기억하고 있는 것, 곧 삶은 우리가 기억하는 이야기들의 총합이다. 인간은 누구나 삶살이 속에서 희로애락의 감정을 느끼며 변화로운 삶을 산다. 그렇게 만들어진 각각의 서사로 자신의 정체성을 형성해 가는 것이다. 장애인 또한 마찬가지다.
 그동안 활동가들은 자신을 위할 뿐 아니라 남을 위하는 자리이타의 기반 아래 자원봉사에 대한 본질적인 개념 정립을 주장하였다. 이런 기류의 형성과 실행은 현행 장애인 관련 자원봉사자의 장애 이해, 구체적인 역할, 안전사고 예방 등이 포함된 사전교육 매뉴얼 개발의 필요성을 제기하고, 자연 친화적 장애인 여가활동에서 장애인을 포함한 자원봉사자 및 진행 요원의 안전 보장에 대한 정책적 개선을 촉구하였다.

더불어 그동안 해왔던 활동들에 대한 객관적 기록과 의미를 재조명할 필요성을 느끼게 되었다. 특히 이론과 실제의 괴리를 절감하고 있던 일부 회원들은 봉사 활동의 의미를 재조명하고 그 당위성 증거를 위해 학문적 접근을 통한 소양의 길을 택함으로써 자신의 경험에 지식을 더한 지혜를 찾고자 했다.

쓰임새 있는 학문을 원했던 현장 활동가들은 실제 활동을 배경으로 한 주제로 박사학위 논문 5편(박원희, 김송석, 박현일, 김정섭, 소효선)을 발표함으로써 늦게나마 현장의 실제들이 이론을 겸비한 객관화의 틀 속에 진입하는 물꼬를 텄다. 이와 같은 현장 실천적 논문의 출현은 이미 앞서 나가고 있는 '일반인 평생교육'에 비해 상대적으로 뒤 쳐진 '장애인 평생교육'의 행보를 가속화 하는 데 결정적인 계기가 되었다.

단국대학교 대학원(일반, 특수)에 장애인 평생교육 관련 석·박사과정이 개설되고 그에 따른 석·박사들이 배출되어 나름의 활동을 할 수 있게 된 배경에는 박원희 단국대 명예교수의 지대한 역할을 간과할 수 없다. 1971년 설치된 단국대 특수교육과 1회 졸업생으로 총장비서실장, 사범대학장, 특수교육대학원장, 초대 회장을 역임하면서 이론에 치우친 대학교육을 현장의 실제에 기반한 이론과 실천을 아우르는 이른바 쓰임새 있는 교육으로의 전환이 시급함을 토로했다.

그 우선순위로 주목한 것이 장애인 평생교육과 복지로 그에 따른 교사양성 체제와 학문적 지평을 넓히고자 하였으며 이를 실천에 옮겼다. 오늘날 장애인 평생교육이 자리매김 될 수 있었던 것은 그의 교육적 흐름에 대한 남다른 안목과 당당한 추진력에 의한 결과라고 할 것이다.

현장의 실제와 대학의 이론이 상호호혜적으로 맞물리기를 원했던 이들의 목적은 우리나라 4년제 특수교육 교사 양성이 시작된 1971년 이래 오늘날까지 계속되고 있는 학령기의 학교 중심 특수교육의 한계성을 지적하고, 향후 21C 문화의 세기에 필연적으로 전개될 평생교육의 시대조류에 부응하고자 했다. 특히, 학문적 영역에서 장애인 평생교육의 필요성과 당위성을 주장하며 장애인복지의 새로운 지평을 열고자 했다.

한마디로 이들은 1980년대 후반부터 1990년대 중반까지 학교나 시설의 울타리 안에서 제한적이고 획일적이며 피동적인 교육과 훈련 및 보호 등의 보살핌에 머물고 있던 장애인들을 울타리 밖으로 끌어내어 사회적응이라는 현실적 상황에 적응시키려는 과감한 시도를 단행했던 사람들이다. 이들은 그동안 장애인 교육 현장은 치료적 접근과 읽고 쓰고 셈하기 중심의 인지 교육을 반복할 뿐이고 장애인복지 역시 기존의 보호와 시혜의 차원에서 벗어날 수 없다는 것에 주목한 것이다.

여기에 더해 근래 들어 일반인의 노령인구 급증에 대한 사회적 불평등 문제에 비해 언급조차 없는 장애인의 고령화와 노령화에 주목하고 그 문제에 따른 대안을 고민하게 되었다. 이에 필자는 「고령화 시대의 장애인 특수교육을 위한 제언」이라는 제하의 논문을 한국미래교육학회(2019)를 통해 발표하였다. 다음은 그의 논문 요약내용이다.

모든 인간은 평생을 생로병사(生老病死)의 생애주기 속에서 학습하는 삶살이 존재이다. 특히, 심신의 불편함과 사회적 불평등을 넘어서야 만 하는 장애인에게 교육은 삶 그 자체일 수밖에 없다. 따라서 장애인 특수교육은 평생교육이자 평생복지로서 인간 존재의 생(生)과 명(命)을 존중하고 행복을 발현하는 미래 배움의 중핵이어야 한다. 이런 논지에서 고령화 시대의 장애인 특수교육은 '관점의 대비'가 아니라 '관점의 넘어섬'을 추구함으로써 학령기 중심의 특수한 교육적 처치에서 장애 가능성을 지닌 모든 존재에 대한 관심과 이들의 평생 삶살이 전반에 걸친 보편적 인간 중심의 준비여야 한다. 즉, 장애인의 전 생애별 주기를 고려한 복지와의 접점 속에서 학습을 넘어서서 진로와 생활, 여가 및 평생 삶살이를 구상하고 계획할 수 있도록 조력해야 한다. 그러므로 특수교육은 개인 능력의 유무 판정이 아니라,

서로 다른 능력 존재라는 인식기반 위에 인간 존중 실천학문의 정체성을 확인하는 것이 중요하다. 나아가 고령화 시대에 모든 인간의 삶살이와 교육은 살아있음에 기반하여 서로 다름에 대한 공감력 신장으로 소통의 사회화를 지향해야 할 것이다. 그동안 학령기를 기반으로 이루어졌던 장애인 특수교육은 학령기 이후를 포함한 계속 교육으로서 전 생애에 걸친 평생교육으로 전환해야 한다. 이를 위해 고령 장애인에 대한 복지의 이중적(노인/장애인) 접근, 실천 지향적 평생학습권 보장, 고용기회의 확대, 주거공간 확보, 여가문화 참여기회 확장, 자연친화적 환경조성 등이 필요하다.

거기에 때마침 도래한 평생교육의 시대적 조류에 따른 실천적 대안을 고민하였으나 그리 오래가지 않았다. 이미 실천해오고 있는 다양한 자연 친화적 프로그램이 학습본능 발현의 최적 장소이고 원활한 수단이며 최종의 방법이었다는 사실을 발견했기 때문이다.

그래서 자연 친화적 프로그램을 잘 다듬고 보완하면 선언적 의미에 머문 장애인의 평생복지·평생학습의 현실적 한계성을 극복하는 실천적 대안을 도출할 수 있을 것이라는 확신이 생겼다.

특히 일생을 항구적인 장애로 살 수밖에 없는 발달장애인의 평생 복지·평생학습을 위한 방안으로 장애인 평생복지 공동체를 추구하는 것으로 그 범주를 확대하고 있다. 이러한 일련의 과정을 통해 생성된 결과들은 장애인

복지 전반에 보다 참신하고 실천적이며 효율적인 방향을 제시하는 것이라고 할 수 있다.

091. 몸도 마음도 둥실

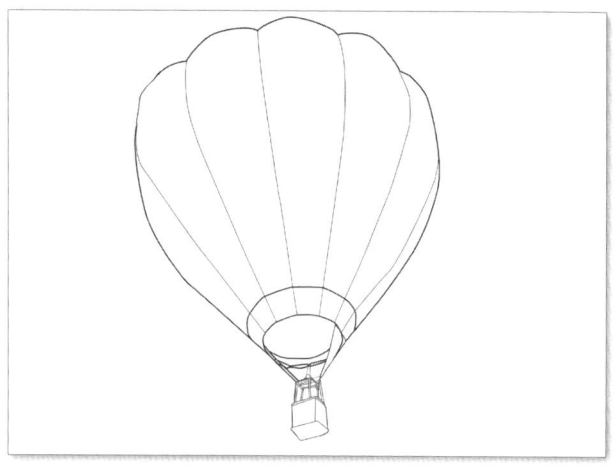

최근 들어 장애인 생활시설의 등장이 가속화되고 있다.

대규모 장애인 생활시설은 이미 존재해왔고 그 시설의 가장 큰 문제점은 보살핌의 범주를 넘지 못하는 놂을 위한 프로그램의 부재다. 여기서 놂은 일의 반대개념이나 여가의 협의적 개념인 놀이처럼 단순한 차원을 넘어선 광의적 개념으로 '의미 찾기'이다. 놂은 흥미와 재미를 주고 의미를 만들어 개개인의 삶에 가치를 북돋아 주는 매개체로 작동한다. 곧 흥미에서 출발한 재미는 장애인을 포함한 모든 사람의 행복 추구와 직결된다.

그러므로 보살핌의 마지막 보루처럼 인식되고 있는 장소로서의 시설에 머무는 차원을 넘어서 장애인 스스로 놂의 주체로서 역할 할 수 있는 프로그램이 고안·실천되는 배움의 장이어야 한다. 그 배움의 장은 대규모 시설 중심의 제한적 삶이 아니라 나름의 삶살이를 목적으로 정하고 지역사회 적응을 목표로 삼는 소규모 시설중심이 되어야 한다. 그곳에서 쓰임새 있는 프로그램을 통해 개개인의 역량을 강화할 수 있는 열린 학습의 장이어야 한다.

그 속에서 전개되는 배움 활동은 학습과 놀이와 여가와 문화의 통합 배움이 되어야 할 것이다. 지·능 운동의 선율 작용에 의한 놀이에너지는 성숙한 여가문화를 재창출하여 인간의 문화적 삶을 발전시켜 나가게 하는 원동력이 되는 것이다. 이런 맥락에서 장애인들은 소규모 시설중심으로 다양한 프로그램 참여 기회를 가져야 한다.

이상의 내용을 정리하면 과거 경제적 빈곤에 의한 불평등문제를 해결하기 위해 국가는 복지사회 실현을 위한 제도 개선에 주력했지만, 이제는 문화적 불평등을 해소하는 것이 국가의 사회적 역할로 변화되었다. 이러한 측면에서 문화적 삶을 살아갈 수 있도록 장애인을 지원하는 노력은 현실적인 복지국가 건설에 직접적 과제가 될 것이다.

우리나라 장애인복지법 시행령에는 장애인수련원을 설치해야 한다는 내용이 분명히 포함되어 있다. 그러나 이를 알고 시행하는 노력이나 결과물은 단 한 건도 없다. 이제는 생산자 중심에서 수요자 중심으로 변해야 한다. 그 시작은 문화적 불평등 해소를 위한 공정한 참여기회를 제공하는 것이며 국가와 사회가 앞장서야 할 필요가 있다. 여가와 문화를 누리는 삶의 질 향상을 통한 장애인 평생교육 및 복지를 실현해야 할 것이다.

그래야만 노령화 사회의 현실적 도래에도 불구하고 상대적 제외 대상으로서 일반인의 노화와는 현저히 다른 급속한 생활 기능퇴화로 지금 이 순간의 행복조차 저당 잡힌 고령의 장애인을 위한 실질적 정책이 될 수 있다. 그들에게 여행과 일상과 숙식과 레포츠 활동과 함께함으로 즐거움이 충만한 삶살이 기회를 제공해주자.

092. 베스트 드라이버

남한강 탐사 중 장애 대원들이 즐거운 시간을 보내고 있다.

　　인간 역사의 초기부터 생겨나기 시작한 도덕적 관점은 장애인을 죄악과 열등에 관련시켰고, 장애를 규정짓는데 가장 널리 사용되고 있는 18세기 중엽부터 나타나기 시작한 의료적 관점은 장애인은 불완전인간으로 치료의 대상임을 명문화시켰으며, 19세기 말엽부터 대두된 사회진화론 혹은 우생학 관점은 장애인을 기능적 한계성과 연계시켜 열등한 존재로 낙인찍는데 기여했다. 장애인의 사회적 지위에 대한 관점을 나타내는 가장 핵심적인 용어는 차별이었으며 그것을 적용하는 사회문화적 배경에 따라 크게 두 가지로 구분할 수 있다.

하나는 장애인을 부정적인 시각의 대상으로만 취급했던 도덕적 관점· 의료적 관점· 우생학의 전통적인 관점이며 다른 하나는 장애인을 소수집단이긴 하지만 하나의 존재로서 바라보고 사회구성원으로서 인정해야 한다는 긍정적인 측면이 나타나고 있는 사회적· 소수집단 관점이다. 특히 사회적· 소수집단 관점은 장애의 문제를 장애 개인이나 그 가족으로 국한하는 것이 아니라 장애를 만들고 규정하는 사회에 책임이 있다는 것을 강조한다. 따라서 장애는 개별적인 기능 상태라기보다는 그 사회가 갖는 장애에 대한 가치 체계 및 정서 구조와 깊이 연관되어 있다고 보고 있다. 장애와 관련된 문제의 핵심은 그 사회가 장애를 규정하는 방식에 있으며 장애인에 대한 차별의 근원은 장애인에 대한 편견적인 문화에 있다는 관점이다.

세상에는 가치 있는 일이 있고 인간이 사회 속에서 가치 지향적 활동을 하는 한, 인간사회는 문화의 사회이다. 사회와 문화는 인간과 인간이 만들어 낸 삶의 그림자라고 할 수 있을 만큼 불가분의 관계로서 서로 환경과 영향을 반복하며 창조적 발전을 도모한다.

구조적으로 개인과 집단 간의 관계와 상호작용을 지배하는 규칙은 문화적 맥락에서 형성된다. 사회 및 정치구조와 조직은 바로 이러한 문화적 맥락이 반영된 결과로 역으로 말하면 이런 사회구조는 사람들의 가치, 태도, 행위에 영향을 준다.

이런 사회화는 개인이 가족 구성원과 상호작용하는 한 일생 동안 지속된다. 학교에서는 살아가는데 필요한 정보, 기술, 지식뿐만 아니라 보다 공식적인 사회적 가치와 규범을 학습한다. 또 대중매체와 직장생활을 통해서도 사회적 가치와 규범을 접하게 된다. 이를 정리하면 개인이 갖는 가치, 믿음, 태도, 느낌은 문화적 경험의 결과로 요약할 수 있을 것이다.

이런 관점에서 장애인은 더 이상 절대적 기준적용으로 인한 차별적 구분의 대상이 아니라 서로가 영향을 주고받는 사회 속에서 다양하고 독특한 능력을 지닌 상대적 존재로서 자신의 삶을 스스로 영위해 나갈 수 있는 존재로 보아야 할 것이다.

093. 차라리 내가 갈게, 형!

한라산 등반을 마치고 서귀포 쪽 삼방산 앞 해안 산책을 위해 이동하는 중이다.

이 세 사람 앞에 놓인 장애물은 바위다. 바위는 원래 있던 자리에 있을 뿐 자기를 밟고 가던 피해 가던 뭐라 않고 무심하다. 그러니까 바위 입장에서는 장애물이 아니고 스스로 있을 자연의 순리다. 바위를 장애물로 여긴 건 그 환경에 놓인 사람들이다.

오로지 하나밖에 없는 존재로서의 자기 이름이 있음에도 불구하고 장애인이라는 명칭이 가치를 선점당하는 그들에게 장애란 무엇인가?

말이나 문자로서 장애를 의미하는 용어를 정의하기는 어렵다. 장애의 의미는 이론적으로 몸(손상, 저기능, 저능력)을 기준으로 이루어지지만, 나이, 의료서비스, 일상생활의 조건 등에 따라 '장애인'의 범주에 포함될 수도 있다. 또 사고나 질병으로 일시적인 장애를 갖기도 하는 등 장애의 의미는 사회적 맥락에 따라 달라지고 시간에 따라 변화한다. 일 예로 불구자 → 장애자 → 장애인으로 명칭이 변화된 것처럼 말이다.

위에 나열했듯이 장애 혹은 장애인이란 용어에는 사회적 요구를 더이상 생산할 수 없는 존재라는 사회문화적인 의미가 작용하고 있기에 한 문화에서 장애인에 대한 인식은 사회적 지배가치를 드러낸 것으로 볼 수 있다. 따라서 장애는 개별적인 기능 상태라기보다는 그 사회가 갖는 장애에 대한 가치 체계 및 정서 구조와 깊이 연관되어 있음을 알 수 있다.

그런 이유로 '독립적이고 능력 있는 몸'의 소유자들은 질환이나 사고를 겪은 몸의 소유자들을 '장애'라고 규정지으며 낯선 땅으로 추방하기를 서슴지 않았다. 뿐만 아니라 장애인을 배척하도록 만든 데 기여한 이데올로기들도 있었다.

고대 서양 철학자들은 장애아는 사회에서 격리해야 하고 쓸모 있고 이성적인 사람만 부양해야 한다고 주장했다. 게다가 '언어 선천설'에 입각해 청각장애인과 지적장애인은 아예 교육을 받을 수 없다고 주장했고 장애아를 양육하지 못하도록 법을 제정하라고 주장했었다. 중세유럽에서의 장애인은 신에게 벌을 받은 사람으로 낙인찍혔다.

시간이 지나고 세계대전을 겪으며 장애인에 대한 인식도 변화되어왔다, 1960년대 보호 차원의 배려에 중점을 둔 의료적 관점이 주도한 시기를 거치고, 1970년대 훈련과 교육에 중점을 둔 지역사회 서비스 단계를 거치면서 1980년대 이후부터 장애인도 지역사회 구성원의 관점에서 기능적 지원을 강조하는 시기를 거친다.

우리나라 장애인 인권의 역사는 서양을 앞질렀지만, 불행히도 조선 후기 이후로는 오히려 후퇴되는 아쉬움을 남기고 있다. 우리나라 장애인 인권 역사는 단군왕검의 건국이념인 '홍익인간'에서부터 찾을 수 있고 삼국시대나 고려·조선 시대에 여러 가지 구휼제도가 시행되었다.

조선의 세종대왕은 시각장애를 가지고 있었고 다양한 장애인복지정책을 시행했었다. 점치는 일을 하는 점복사, 경을 낭독하는 독경사, 악기를 연주하는 악사 등의 직업 창출과 장애인 등용 등이 실제 했다. 효종 때는 맹청(통명청. 맹인들이 모여 장사 따위에 관한 일을 의논하는 집)이라는 강력한 단체가 있었다.

이러한 장애인에 대한 인식의 변화가 있었음에도 장애인과 관련된 속담들을 살펴보면 비하와 부정적 관점이 드러난 것들도 상당히 많이 있다. 우리가 사용하는 속담이나 속어는 그 시대상을 말해주는 문화적 유물의 한 가지라고 볼 수 있다. 많은 속어나 비어가 장애인과 무관하지 않음은 곧 우리의 인식을 대변한다 볼 수 있다.

　결과적으로 장애와 관련된 문제의 핵심은 그 사회가 장애를 규정하는 방식에 있으며 장애인에 대한 차별의 근원은 장애인에 대한 편견적인 문화에 있다고 할 수 있다. 장애인의 능력을 폄하하거나 그들의 잠재력을 한계 짓는 관행은 일반인 중심주의적 태도에 기인하며 그로 인해 장애인을 향한 혐오와 차별과 편견이 동반되는 것이다.

094. 장애인 보이스카우트 야영대회

서삼릉 보이스카우트 야영장에서 실시된 제1회 장애인 보이스카우트 야영대회의 한 장면으로 '우리도 할 수 있어요'가 그 부제였다.

사진 속 공간에 머물렀던(실은 계속되고 있는) 그 아이들의 모습과 36년이 지난 오늘날에 그들이 머금은 시공간의 모습은 과연 어떨까 하면서도 마냥 즐겁기만 했던 그때 그 모습이었기를 소원한다.

올해로 68세인 내가 사는 2021년 현재는 고령화 시대를 넘어 초고령화 시대다. 사람은 누구나 유한한 시간성의 존재이기에 스스로 느끼는 것만큼 나이가 든다고 한다. 이 말은 나이는 똑같이 들어가지만 나이 듦은 그렇지 않다는 의미로 나잇값 즉, 태도 내지는 몸가짐을 뜻한다. 나이 듦은 어떻게 나이 들어갈지에 대한 각자의 몫이다.

늦은 밤 지하철 안 장애인과 노약자 등을 위한 좌석에서 피곤에 절어 잠시 설 잠 들다 깬 젊은이를 마구 몰아치는 노인 같지 않은 노인을 가끔 볼 때가 있다. 오랜 경륜과 경험치를 마땅히 존경해야 하는데 오히려 서글픔을 느끼게 하는 그 모습이다. 나름 사정이 있을 젊은이를 향한 늙은이의 일방적인 목소리가 크면 클수록 나이를 앞세워 스스로에게 너무 관대해지려는 태도가 아닌가 싶다. 한편으로는 노령을 부정적으로 보고 감추려는 속내가 드러난 그래서 조금이라도 더 젊어 보이려는 안간힘이 묻어난 것이 아닌가 싶기도 해서 밉살맞기도 했고 한편으론 씁쓸하기도 했다.

일반인과 마찬가지로 장애인도 늙어간다. 더구나 장애인은 일반인에 비해 일정한 시기(생활연령 40대 기준)가 지나면 급속도로 노화가 진행된다는 사실에 주목할 필요가 있다. 일반적으로 장애 노인의 구분은 고령화된 장애인(장애인구 고령화)과 노화에 따른 장애인(노화기의 장애)으로 분류된다.

고령화된 장애인은 기존에 가지고 있는 장애에 노화로 인한 어려움이 중첩되어 더 심각한 문제를 경험하게 된다. 특히 고령화된 장애인은 장애유지 기간이 길어짐에 따라 조기 노화가 진행되어 자연스럽게 이차적 장애가 진행되며 이로 인해 신체의 기능적인 측면(ADL Activities of Daily Living: 일상생활 수행능력, IADL Instrumental Activities of Daily Living: 수단적 일상생활 수행능력)에서 어려움을 경험한다. 또 주관적 신체 건강에 대한 부정적 인식이 높고 전 생애 기간 중 노년기를 준비할 수 없기에 나타나는 우울감과 스트레스의 증가, 직업을 포함한 사회적 활동에서의 제약이 높고 삶의 만족도가 낮다는 연구 결과들이 보고되고 있다.

095. 차도를 달려본 휠체어

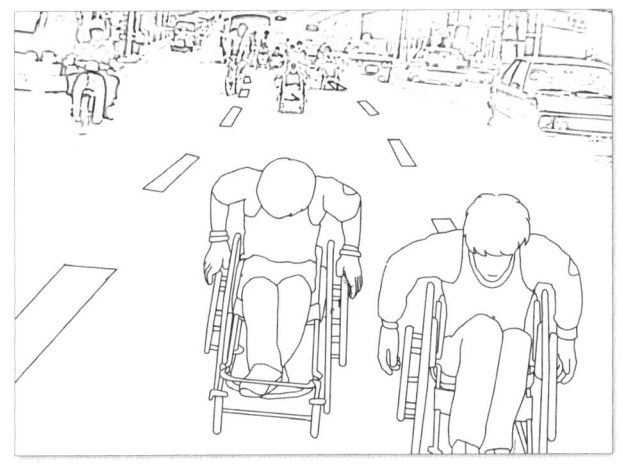

장애인의 날 기념 '어깨 겯고 함께 걷기' 행사의 하나로 판문점에서 여의도 선착장까지 실시한 휠체어 레이스의 한 장면이다.

잠실 고수부지에서 여의도 선착장까지의 레프팅과 여의도 KBS 별관에서 출발해 여의도 일대를 한 바퀴 돌아 63빌딩 앞 고수부지에서 한바탕 축제로 정리하는 '어깨 겯고 함께 걷기'는 재활협회가 주최하고 장애인대학생봉사단(전국장애인자원봉사자연합회의 전신)이 주관했다. 당시 장애운동가들은 이 행사를 정부 정책의 시녀 노릇하는 어용 행사로 규정하고 필자와 장애인대학생봉사단을 규탄하는 성명을 발표하기도 했다.

사진에 장애인들이 타고 있는 휠체어는 당시에 최고의 성능을 자랑하는 최신장비로 레이스용이 아니라 휠체어 농구용이었다. 지체장애인에게 휠체어를 비롯한 보장구는 신체의 일부분이나 다름이 없다. 그럼에도 불구하고 패럴림픽을 개최하는 나라에서 레이스용 휠체어 하나 생산하지 못하는 것이 우리의 현실이었다. 심지어는 경주용 휠체어가 패럴림픽 레이스 선수에게 지급된 것은 패럴림픽 시작 한 달 전이었다. 당시에는 교통경찰조차도 휠체어가 차도로 가야 하는지 인도로 가야 하는지에 대한 기준조차 정리되지 않았던 시절이었다.

당연히 중증의 장애인들 외출은 하늘의 별 따기만큼 힘들었던 때였다. 그래서 시작된 장애인복지형상회의 활동 중 하나가 도심지 적응 활동이었고 그 활동이 계속되며 우리나라 최초로 장애인 전용지도(지체장애용, 시각장애용)가 3년간의 실측을 통해 함께 사는 서울이라는 제목으로 제작되었고 88 서울 패럴림픽에 참석한 전 세계 장애인들에게 배포되었으며 남산에 있는 서울 정도 600년 타임캡슐 안에 보관되어 있다.

1년 전 이 시기에는「장애인 도심정복훈련-이제는 파란불이다」다큐멘터리가 촬영을 시작했고 그해 10월에 방송되었다. 이 다큐멘터리는 다음 해 2월, 독일에서 2년마다 개최되는 세계 방송 대전에서 우리나라 최초로 다큐멘터리 부문 대상을 받았으며 국내에서는 한국일보에서 백상예술상을 받기도 했다.

　이 다큐멘터리는 실로 엄청난 반응을 일으켰고 심지어는 이 방송을 본 고등학생 중 진로를 특수교육과로 택한 이들도 있었다. 그들은 대학 생활 중 대부분을 전국장애자자원봉사자연합회(장애인복지형상회의 전신)에서 활동했고 졸업 후 특수교육현장에서 활동 중이다. 그중에는 현재 대학교수로 재직하는 이들도 다수 있다. '어깨 걸고 함께 걷기'라는 부제는 지금도 '아'하면 '어'하고 알아듣는 사이로 변함없는 정훈 PD의 작품이기도 하다.

　1988년 10월에 개최되는 지체장애인과 시각장애인을 위한 패럴림픽의 준비과정은 그야말로 번갯불에 콩 구워 먹는 식의 속전속결로 준비의 느긋한 즐거움이 생략된 채 오로지 성과를 위한 전진이었다. 그러다 보니 소위 전문가들의 의견이나 참여보다는 행사를 위한 행사 요원들의 잔치판이 되어 장애 당사자들의 현장 목소리는 가려지기 일쑤였다. 실제로 88서울올림픽이라는 국가적 대사를 위해서라면 웬만한 사회적 규범이나 법적 제한도 무시되는 경우가 흔했다. 그 과정을 거쳐 성공리에 끝난 88서울올림픽 뒤에 치러진 패럴림픽은 장애 당사자와 주변 사람들의 축제가 아니었다. 장애인은 장애인 나름의 문화가 있고 체육 역시 장애인체육의 특성이 있음에도 불구하고 행사의 원활한 진행을 이유로 장애 전문가들을 배제하고 일반 올림픽 종사자들을 그대로 패럴림픽에 투입했다.

　그러다 보니 풍성했던 일반 올림픽에 비해 여러 가지 여건이 빈약하기

이를 데 없었다. 하다못해 개·폐회식을 위한 연습장 하나를 구하는데도 일방통행식의 일반 올림픽과는 달리 그 협조의 차원이 빈약하기 짝이 없었고 이곳저곳의 협조공문수발과 함께 거쳐야 할 과정이 많았다. 또 일반 올림픽을 위한 연습 기간이나 개최 기간에는 이동 차량이나 음료수를 비롯한 먹거리와 사기 앙양을 위한 기념품들이 넘쳐났으나 막상 올림픽이 끝남과 동시에 지원물자도 끝나 버렸다. 한마디로 일반 올림픽의 그 화려한 성공이 남기고 간 폐허 속에 갇힌 느낌으로 빛 좋은 개살구 격이었다. 이런 사실은 필자가 88 하계올림픽 개폐회식 출연자 담당관이었으며 이어 열린 88 패럴림픽 개폐회식 출연자 담당관으로 참여했었기에 말할 수 있는 소감이다.

096. 연합회의

남한강 탐사 중 양평의 숙영지를 떠나기 전 선대별 모임을 갖는 대원들의 모습이다.

이 탐사는 시각장애인, 청각장애인, 지체장애인, 지적장애인 등 당시의 우리나라 장애 영역의 대표적인 연합집단의 공동체적 자연 탐사 활동이다.

10월에 88 하계올림픽이 끝나고 이어질 시각장애와 지체장애인의 패럴림픽이 준비 중이지만 청각장애인과 지적장애인은 직접 해당하는 장애 유형이 아니다. 지적장애인의 스페셜 올림픽과 청각장애인의 데플림픽

(Deaflympic)이 따로 준비되어 있기 때문이다. 통합을 외치고 강조하는 입장에서는 장애 영역별 대회가 따로 열리는 것은 바람직하지 못할 수도 있다. 이렇게 나뉘는 이유는 나름의 장애 유형별 특성과 훈련 및 대회의 기준이 다른 이유가 존재하기 때문이다.

경쟁을 중심으로 한 엘리트 체육보다는 즐김을 중심으로 한 재미의 축제가 더욱 바람직하다는 생각이다. 일부의 장애인에 의한 메달 순위에 연연하는 것 자체가 장애인체육의 한계로 보여 지고 실제로 그로 인한 부작용도 만만치 않은 현실이다. 장애인 체육은 그만큼 저변확대가 되지 않았으며 이에 따른 부가적 지원책이나 확대방안 등에 대한 모색도 어려웠었다는 것을 짐작할 수 있다. 물론 선수 당사자들의 열정이나 노력의 부재를 말하고자 하는 것이 아니라 장애인체육의 방향성에 대한 진지한 고민을 해야 한다는 뜻이다.

장애는 그 장애를 가진 사람의 관리의 조건일 뿐이다. 그 관리의 조건이 쉽게 풀어나갈 수 있는 환경을 만들어 주면 된다. 그 장애인처럼 살자는 말이 아니다. 그는 그일 뿐이다. 그의 삶살이는 오직 그만의 것이다. 그러니 절대로 희생과 봉사라는 관념적 사고로 접근해서는 안 된다. 왜냐면 그들은 그들 나름의 문화가 있고 삶의 방식이 있으며 살이의 방법이 있기 때문이다. 다양성의 시대다. 그 시대적 흐름에 장애인도 예외가 아니다.

097. 노 젓기

북한강 탐사에서 대원들이 손발을 맞추어 열심히 노를 젓고 있다.

　사람들은 주어진 환경과의 상호작용 속에서 살아간다. 주어진 환경 속에서 자신의 몫을 다하기 위해서는 나 자신이 변하려 노력을 해야 한다. 그 노력이 제아무리 힘들더라도 내 삶의 주인은 나임을 절대로 잊지 않고 나 자신에게 있는 긍정의 힘을 믿는 것이다. 장애 대원들의 노 젓기는 자신을 믿고 동료를 믿고 사회 속에서 함께 살고자 하는 희망일 수 있다.

특수교육에서 그들을 위한 수업은 실제적이어야 하고, 학생이 살고 있는 지역사회에 맞추어야 하며, 학생의 생활연령에 적절해야 할 뿐만 아니라, 실제 환경에서 이루어져야 한다. 교실에서 버스를 타는 방법이나 식사하는 방법을 가르치는 것은, 그 기술들이 이웃이나 지역사회에서 적용되고 유지 또는 일반화되지 않는 한 아무런 소용이 없다.

즉 학령기 중심의 특수교육을 비롯한 장애인 평생교육의 가장 중요한 목표는 장애인의 지역사회통합과 독립적인 삶의 고취일 것이다. 이는 정상적인 환경에서 성공적으로 행동하고 적응하는 것을 말하는 것이다. 이를 위해서는 감성지수를 높일 수 있는 교육이 필요하다.

교육의 역할 중 하나는 소수의 위대하고 강한 사람을 육성하는 것이 아니라 스스로를 사랑할 수 있는 다수의 사람을 키워주는 역할이어야 한다. 있는 그대로의 자기로서 사랑받기를 바라는 사람으로, 스스로 자기 마음을 이해하는 능력이 있는 사람으로 키워야 한다.

스스로가 곧 자기 마음의 주인이기에 남들이 보는 나와 상관없이 내 속에서 내가 만나고 있는 나에 대해 확실한 정체성을 확보할 수 있다. 이러한 사람은 판단과 선택의 주체가 분명한 사람으로 감성지수 또한 높다. 자신과 타인의 감정을 잘 읽어내는 능력으로 정의되는 감성지수는 자신의 감정을 적절히 조절하고 표출하며, 이를 통해 원만한 사회생활을 이뤄나가는 힘을 말하는 정서 기능으로 특히 사회적 관계 맺기에 어려움이 있는 우리 아이들

교육에서 매우 중요하게 다루어져야 한다. 그래야 인생관과 가치관이 선명하고 건강한 사람이자 주체성이 확실한 성숙한 사람으로 성장할 수 있게 된다.

이와 같은 자아개념은 흥미. 태도. 가치관. 감정 등의 형성을 의미하는 정의적 교육의 핵심으로서 인간화 학습과 깊은 관련이 있는데, 장애인 교육에 있어서는 그 중요성이 더욱 크다고 할 수 있다. 특히 신체적으로 열약한 지체장애인에게는 부정적 신체 상이 형성될 가능성이 크고, 그 결과 부정적 자아개념 혹은 자아정체성의 부정 등으로 이어질 가능성이 크기 때문이다. 자아개념은 특히 나름대로 의미 있게 선택하고 사람들과 잘 어울리며 최대한 독립적으로 살아갈 수 있는 자기역량 강화와 밀접한 관련이 있다. 다시 말해 각 개인의 자아개념은 스스로 고립에서 벗어나 자립할 수 있는 일상생활기능 역량 강화를 통해 지역사회환경에 익숙해져 평범한 일상이 되도록 하는 삶의 기반이다.

098. 자, 또 출발하자.

남한강 탐사 중 양평의 숙영지에서 팔당댐까지 항해하기 위해
준비 중인 대원들이다.

휠체어를 이용하는 장애인을 안고 옮기는 자원봉사자의 모습에서 이미 익숙해진 탐사대의 활동상을 볼 수 있다. 7박 8일간 매일 반복되는 숙영과 철영과 항해의 일정은 그때마다 나름의 사연들을 만들어낸다. 탐사 기간 동안 이런저런 일들이 생김에도 불구하고 매 순간마다 큰 무리 없이 넘어갈 수 있는 것은 동행한 자원봉사자들의 열정과 한없는 배려와 때로는 단호한

대처에서 비롯된다.

매일 10시간 동안의 항해는 결코 쉬운 일이 아니다. 더구나 선대장은 숙영과 철영은 물론 대원들의 식사와 배변과 건강과 심리상태까지 소상하게 챙겨야 한다. 게다가 항해 시간은 물론 보트의 상태와 노의 숫자까지 일일이 점검해야 하기에 그 피로도는 쉽게 측정하기 어렵다. 이제까지 선대장의 입장에서 자신의 책임을 전가하거나 도중에 그만둔 사람은 단 한 명도 없었다. 그랬기에 그들에게 언제나 고맙고 감사하며 죄송할 뿐이다.

장애인들과의 자연친화적 활동에는 수많은 안전사고와 대인별 관계 맺기와 개인과 단체의 역할분담과 일상의 자잘한 문제까지 챙기고 거두고 준비해야 할 것들이 너무나 많다. 그래서 많은 이들이 꺼린다. 함께하고픈 생각은 굴뚝같지만 정작 해보다 보면 말 그대로 똥 싸고 밑 닦을 시간조차 없다. 그러다 보니 자신의 문제는 항상 뒷전이다. 그렇지만 매번의 활동에서 자원봉사자들이 부족하거나 모자란 적은 단 한 번도 없었다. 매번 자원봉사자들이나 장애인들은 차고 넘쳐 정리하기가 버거울 정도였다. 그러면서 우리나라 장애인복지는 얼마 걸리지 않을 것이라는 확신에 차기도 했었다.

그랬던 그 확신은 아직도 진행 중이다. 다만 그 시간이 너무나 오래 걸린다. 20대 후반에 시작된 일인데 60대 후반을 넘어 70대가 낼모레다. 그동안 줄기차게 함께하는 활동을 전개해 왔다. 자본주의 시대에 살면서 자본을 불려보려는 시도는커녕 가져다 쓰기 바빴다. 솔직한 답이다. 그러나 단 한번도 후회를 해본 적이 없다. 왜냐면 내 팔자는 돈 버는 팔자가 아니라 돈 쓰는 팔자로 내 콧구멍의 생김새가 그걸 증명하고 있다. 그리고 내가 아는 부자는 더 이상 가질 것이 없는 사람이므로 부자와의 인연은 아닌 것으로 이미 작정했다.

그 과정에서 가장 힘들었던 사람은 내 집사람이다. 이건 분명하다. 그 양반이 젊었을 때 나의 눈빛에 속아서 지금도 나를 위해 헌신한다. 더 이상 말이 필요 없다. 이왕 속은 거 끝까지 속았으면 한다. 아니다. 이미 알고 있었기에 더 이상 말 필요 없이 뜻대로 하라는 사랑의 약속이행이다. 그래서 경제적 불평등 해소에서 문화적 불평등의 해소로 앞질러 간 내 행동에 대한 찬성이며 북돋아 주기 위한 내조의 헌신이다. 그러므로 난 행복하기 그지없는 사람이기에 의미를 찾아 재미를 추구하는 자기 주도적 삶살이를 해 올 수 있었던 행운아이기도 하다.

그야말로 양손에 떡을 쥔 천상의 부자이다. 그러니 여전히 닥쳐올 안전이나 행사 중 발생할 불안에 대한 걱정이나 대비에 느긋하다. 거기에다 함께하는 사람들의 열정이나 태도는 여전히 굳건하다고 믿고 있다. 언젠가는 크게 한 방 맞을 수도 있을 터인데 아직도 그 옛날의 그 방식을 되풀이 하고 있으니 뭔가 모자라도 한참을 모자를 수 있을 것이다. 그래도 여전히 이 길을 가고 싶다. 달리 갈 수 있는 길도 없기에 그냥 이 길로 가는 것이 나다운 것이라고 느끼고 산다. 느낄 수 있을 때까지는 느끼고 싶어서다.

099. 누가 더 강할까?

남한강 탐사 중 반포대교 아래서 우연히 벌어진 팔씨름 대회다. 누가 이긴 것이 중요한 것이 아니라 어느 팀 소속이었는지가 더 중요한 관건이다.

7박 8일간의 항해가 마무리 단계에 들어서면서부터는 각 개인의 문제가 아니라 함께해 온 팀의 문제가 더 중요한 것으로 자리 잡게 된다. 나 또는 너가 아니라 우리라는, 팀워크의 자리매김이다.

다양한 장애 영역의 사람들과 다양한 삶의 현장에서 모여든 사람들의 거침없는 인사 뒤에 같은 목적과 목표와 방법으로 함께 해온 자연 탐사의 해양 길에서 공통적으로 느낀 것은 나의 소중함이었다. 나를 소중하게 느끼는 사람은 타인의 소중함도 느낄 줄 안다. 그리고 우리의 소중함이 되었다.

모든 인생은 나름의 목적과 목표와 방법이 다를 수밖에 없다. 그래서 인생은 각기 다르고 각기 다르기에 개성으로 이해되고 그렇게 이해된 개성들이 모여 공동체를 이루고 그 안에서 따로 또 함께 삶을 꾸려 나간다. 그러니까 인간은 사회구성원으로서의 자질을 타고 났다. 사회구성원으로서의 한 존재이므로 그 누구 하나 소중하지 않은 존재가 없다.

그러니 인간으로 태어난 이상 장애라는 것으로 인해 사회구성원으로서의 존재가치를 침해당하는 것은 인간에 대한 모욕이자 질시이며 학대의 대표적 사례다. 장애와 비장애를 구분하지 않는, 그런 인간의 존재가치에 대한 접근과 도전으로 서로를 이해하고 공감하며 이제까지 몰랐던 우리의 모습을 서서히 알아가는 것이 중요하다.

다시 그 시절로 돌아가 본다. 어떤 형태이든 간에 자신의 뜻에 따른 각자의 모습은 달리 표현된다. 달리 표현된다는 말은 본래의 속뜻은 같지만 드러난 각자의 모습은 달리 보일 수도 있고 일부는 그대로 충만하게 드러날 수도 있다는 말이다. 중요한 것은 지금의 이 순간에 느끼는 나의 속뜻을 그대로 드러낼 수 있든 아니든 팔씨름의 당사자이든 아니든 지금 우리는 하나라는 것이다.

100. 끝은 시작이다.

7박 8일간 치른 장애인 북한강 탐사 중 마지막 종착지에 다가가는 모습이다.

당시의 여러 제약 조건들을 하나씩 거두어 내며 이루어진 이 탐사 활동은 장애인들의 참여 의지와 실천이 기반이지만 무엇보다도 자원봉사자들의 열정과 노력으로 일궈낸 활동이다. 극기의 한 방법으로 소개되는 것이 대부분이었던 당시의 상황에서 우리는 이미 즐기는 레저 스포츠를 실천하고 있었다. 너무 앞서간다는 말을 자주 들었지만 크게 개의치 않았다.

보통은 저질렀다고 하지만 돌이켜 보면 나름의 용기 있는 실천이었다. 장애인과 함께하는 활동에서 용기 있는 행동이 아니라 어리석거나 만용 내지는 욕심으로 치부되는 경우는 안전사고를 배경으로 한다. 그것을 알았기에 재미를 통한 활동을 추구하되 철저하게 안전을 최우선으로 삼았다. 40여 년 동안 큰 안전사고는 단 한 건도 발생하지 않았다. 이를 두고 혹자는 기적이라고 표현하기도 한다.

간혹 사소한 것도 영상처럼 마음에 남을 때가 있는 것처럼 나름 기억해 낼 수 있는 사연이 있는 것은 몸으로 했던 경험의 결과물이다. 비 내리는 날이면 문득 문득 기억나는 강 탐사 장면들 그리고 그 속에서 또렷이 나타나는 사람. 숙영지 쓰레기를 말끔히 치우고 정리하는 자원활동가의 모습이다.

사람은 누구나 욕망은 추구하되 욕심은 경계해야 한다. 40여 년을 이어온 자연 친화적 활동의 속내를 보면 내 개인의 욕심이 적잖게 작동했던 것도 사실이다. 함께하는 사회를 추구한다는 욕망을 내세워 수많은 사람의 선의와 참여를 자원봉사라는 이름으로 포장하며 이용하기도 했다. 그 안에서 느끼어 일어나는 마음의 변화인 정(情)이라는 매개를 십분 활용하기도 했고, 그것을 하나의 전통처럼 이어왔으며 여전히 이어가는 중이다. 이른바 꼰대의 갑질이다.

그 무엇보다 사람에 대한 그리움 그리고 함께 나누는 일상을 원했고 자연스러운 관계유지를 바랐다. 빈약한 장비와 한여름의 폭염과 폭우를 견디고 버티며 강물을 타고 내려온 것은 자연 속 행위를 통한 시간 속에 기억 만들기가 아닐까 싶다. 끝은 또 다른 시작이라는 것을 알아가는 과정이었다. 그때 함께 했던 이들이 그립고 고마우며 감사하다.

시작부터 현재까지 모든 장형회 활동의 기본 축은 경험하지 않으면 공감할 수 없다는 것이다. 이것을 기반으로 이어진 활동이 40여 년 만인 2021년 10월 「사단법인 한국장애인레저스포츠협회」란 명칭으로 제도권에 진입했다. 장애인과 함께하는 활동의 끝이 아니라 지속성과 일관성 유지를 위한 새로운 시작이다.

나 아니면 안 된다는 아집으로 똘똘 뭉쳐 고마움과 감사함을 모르고 날뛰던 내가 뒤늦게 암이라는 건강 적신호를 접하고 치료를 받으며 변해가고 있다. 몸과 마음의 불편함으로 인한 일상유지에서 어려움 곧 장애를 체험하고 있는 중이다. 만났던 사람들에 대한 소중함과 같이한 활동들을 되새김질하며 몇 번이고 고맙고 감사함을 표하는 나를 발견한다.

사진 속의 그들은 종착지를 향해 가고 있다. 그들의 종착지는 끝이 아니라 새로운 그들의 시작을 위한 끝이다.

장애인 여가문화와 장애인 평생교육의 장을 연 김송석
사진의 속내

발행일 ｜ 2023년 8월 31일
지은이 ｜ 김송석
디자인 ｜ 조은희
발행인 ｜ 조은희
발행처 ｜ 도서출판 율나무
전 화 ｜ 02-2201-5435
팩 스 ｜ 0502-989-9435
이메일 ｜ yoolnamoo@naver.com

ISBN 979-11-93189-00-9